1217

EXPOSÉ SUCCINCT

De la Contestation qui s'est élevée

ENTRE M. HUME,

Et M. J. J. ROUSSEAU;

Avec les Piéces justificatives;

Auquel on a joint

LE DOCTEUR PANSOPHE,

OU

LETTRES DE M. DE VOLTAIRE.

A LONDRES.

M. DCC. LXVI.

AVERTISSEMENT
DES ÉDITEURS.

LE nom & les Ouvrages de M. Hume sont connus depuis long-tems de toute l'Europe : ceux qui connoissent sa personne, ont vu en lui des mœurs douces & simples, beaucoup de droiture, de candeur & de bonté ; & la modération de son caractere se peint dans ses Ecrits.

Il a employé les grands talens qu'il a reçus de la nature & les lumieres qu'il a acquises par l'étude, à chercher la vérité & à inspirer l'amour des hommes : jamais il n'a prodigué son tems & compromis son repos dans aucune querelle, ni littéraire ni personnelle. Il a vu cent fois ses Ecrits censurés avec amertume par le Fanatisme, l'ignorance & l'esprit de parti, sans avoir jamais répondu à un seul de ses adversaires.

Ceux même qui ont attaqué ses Ouvrages avec le plus de violence ont toujours respecté son caractere. Son amour pour la paix est si connu, qu'on lui a plus d'une fois apporté des critiques faites contre lui-même, pour le prier de les revoir & de les corriger. On lui remit un jour une critique de ce genre, où il étoit traité d'une maniere fort dure, & même injurieuse: il le fit remarquer à l'Auteur qui effaça les injures en rougissant & en admirant la force de *l'esprit polémique* qui l'avoit ainsi emporté, sans qu'il s'en apperçût, au de-là des bornes de l'honnêteté.

Avec des dispositions si pacifiques, ce n'est qu'avec une extrême répugnance que M. Hume a pu consentir à laisser paroître l'Ecrit qu'on va lire. Il sçait que les querelles de gens de Lettres sont le scandale de la Philosophie, & personne n'étoit moins fait que lui pour donner un pareil scandale, si consolant pour les sots; mais les circonstances l'ont entrainé malgré lui à cet éclat fâcheux.

Tout le monde sait que M. Rousseau, proscrit de tous les lieux qu'il avoit habités, s'étoit enfin déterminé à se réfugier en Angleterre, & que M. Hume, touché de sa situation & de ses malheurs, s'étoit chargé de l'y conduire, & étoit parvenu à lui procurer un asyle sûr, commode & tranquille. Mais peu de gens savent combien de chaleur, d'activité, de délicatesse même M. Hume a mis dans cet Acte de bienfaisance ; quel tendre attachement il avoit pris pour ce nouvel Ami, que l'humanité lui avoit donné ; avec quelle adresse il cherchoit à prévenir ses besoins, sans blesser son amour propre; avec quel zele enfin il s'occupoit à justifier aux yeux des autres les singularités de M. Rousseau, & à défendre son caractere contre ceux qui n'en jugeoient pas aussi favorablement que lui.

Dans le tems même que M. Hume travailloit à rendre à M. Rousseau le service le plus essentiel, il reçut de lui la Lettre la plus outrageante. Plus le coup étoit inattendu, plus il devoit être sensible. M. Hume écrivit cette aventure à quelques-uns de ses Amis à Paris; & il s'exprima dans ses lettres avec toute l'indignation que lui inspiroit un si étrange procédé. Il se crut dispensé d'avoir aucun ménagement pour un homme, qui après avoir reçu de lui les marques d'amitié les plus constantes & les moins équivoques, l'appelloit, sans motifs, faux, traître & le plus méchant des hommes.

Cependant le démêlé de ces deux hommes célébres ne tarda pas à éclater. Les plaintes de M. Hume parvinrent bientôt à la connoissance du Public, qui eût d'abord de la peine à croire que M. Rousseau fût coupable de l'excès d'ingratitude dont on l'accusoit. Les amis même de M. Hume craignirent que dans un premier moment de sensibilité, il ne se fût laissé emporter trop loin, & qu'il n'eût pris pour les défauts du cœur les délires de l'imagination, ou les travers de l'esprit. Il crut devoir éclaircir cette affaire, en écrivant un précis de tout ce qui s'étoit passé entre lui & M. Rousseau, depuis leur liaison jusqu'à leur rupture. Il envoya cet Ecrit à ses Amis; quelques-uns lui conseillerent de le faire imprimer, en lui disant que ses accusations contre M. Rousseau étant devenues publiques, les preuves devoient l'être aussi. M. Hume ne se rendit pas à ces raisons, & aima mieux courir le risque d'un jugement injuste, que de se résoudre à un éclat si contraire à son caractere ; mais un nouvel incident a vaincu sa résistance.

M. Rousseau a adressé à un Libraire de Paris une Lettre, où il accuse sans détour M. Hume de s'être ligué avec ses ennemis pour le trahir & le diffamer, & où il le défie hautement de faire imprimer les Pieces qu'il a entre les mains. Cette Lettre a été communiquée, à Paris, à un très-grand nombre de personnes ; elle a été traduite en Anglois, & la traduction est imprimée dans les Papiers de Londres. Une accusation & un défi si publics ne pouvoient rester sans réponse ; & un plus long silence de la part de M. Hume auroit été interprété d'une maniere peu favorable pour lui.

D'ailleurs, la nouvelle de ce démêlé s'est répandue dans toute l'Europe, & l'on en a porté des jugemens fort divers. Il seroit plus heureux sans doute que toute cette affaire eût été ensevelie dans un profond secret; mais puisqu'on n'a pu empêcher le Public de s'en occuper, il faut du moins qu'il sache à quoi s'en tenir. Les Amis de M. Hume se sont réunis pour lui représenter toutes ses raisons. Il a senti la nécessité d'en venir à une extrémité qu'il redoutoit si fort, & a consenti à laisser imprimer son Mémoire. C'est l'Ouvrage que nous donnons ici. Le Récit & les Notes sont traduits de l'Anglois. Les Lettres de M. Rousseau, qui servent de piece justificatives aux faits, sont des copies exactes des originaux.

Cette brochure offrira des traits de bisarerie assez étranges à ceux qui prendront la peine de la lire; mais ceux qui ne s'en soucieront pas feront encore mieux; tant ce qu'elle renferme importe peu à ceux qui n'y sont pas intéressés.

Au reste, M. Hume en livrant au Public les pieces de son procès, nous a autorisés à déclarer qu'il ne reprendra jamais la plume sur ce sujet. M. Rousseau peut revenir à la charge ; il peut produire des suppositions, des interprétations, des inductions, des déclamations nouvelles; il peut créer & réaliser de nouveaux phantômes & envelopper tout cela des nuages de sa Rhétorique, il ne sera plus contredit. Tous les faits sont actuellement sous les yeux du Public. M. Hume abandonne sa cause au jugement des esprits droits & des cœurs honnêtes.

MA liaison avec M. Rousseau commença en 1762, lorsqu'il fut décreté de prise de corps, à l'occasion de son *Émile*, par un Arrêt du Parlement de Paris. J'étois alors à Édimbourg. Une personne de mérite m'écrivit de Paris que M. Rousseau avoit le dessein de passer en Anglettre pour y chercher un asyle & me demanda mes bons offices pour lui. Comme je supposai que M. Rousseau avoit exécuté cette résolution, j'écrivis à plusieurs de mes amis à Londres, pour leur recommander ce célébre Exilé, & je lui écrivis à lui-même pour l'assurer de mon zele & de mon empressement à le servir. Je l'invitois en même tems à venir à Édimbourg, si ce séjour pouvoit lui convenir, & je lui offrois une retraite dans ma maison pour tout le tems qu'il daigneroit la partager avec moi. Je n'avois pas besoin d'autre motif pour être excité à cet acte d'humanité, que l'idée que m'avoit donnée du caractere de M. Rousseau la personne qui me l'avoit recommandé, & la célébrité de son génie, de ses talens, & surtout de ses malheurs, dont la cause même étoit une raison de plus pour s'intéresser à lui. Voici la Réponse que je reçus,

M. ROUSSEAU A M. HUME.
De Motiers-Travers, le 19 Février 1763.

« Je n'ai reçu qu'ici, Monsieur, &
„ depuis peu, la Lettre dont vous m'ho-
„ noriez à Londres, le 2 Juillet dernier,
„ supposant que j'étois dans cette Ca-
„ pitale. C'étoit sans doute dans votre
„ Nation, & le plus près de vous qu'il
„ m'eût été possible, que j'aurois cher-
„ ché ma retraite, si j'avois prévu l'ac-
„ cueil qui m'attendoit dans ma Patrie.
„ Il n'y avoit qu'elle que je pusse pré-
„ férer à l'Angleterre, & cette préven-
„ tion, dont j'ai été trop puni, m'étoit
„ alors bien pardonnable ; mais, à mon
„ grand étonnement, & même à celui
„ du Public, je n'ai trouvé que des af-
„ fronts & des outrages où j'espérois,
„ sinon de la reconnoissance, au moins
„ des consolations. Que de choses m'ont
„ fait regretter l'asyle & l'hospitalité
„ philosophique qui m'attendoient près
„ de vous ! Toutefois mes malheurs
„ m'en ont toujours rapproché en quel-
„ que maniere. La protection & les
„ bontés de Mylord Mareschal, votre
„ illustre & digne compatriote, m'ont
„ fait trouver, pour ainsi dire, l'Écosse

„ au milieu de la Suisse ; il vous a ren-
„ du présent à nos entretiens ; il m'a fait
„ faire avec vos vertus la connoissance
„ que j'en avois faite encore qu'avec vos
„ talens ; il m'a inspiré la plus tendre
„ amitié pour vous & le plus ardent de-
„ sir d'obtenir la votre, avant que je
„ susse que vous étiez disposé à me l'ac-
„ corder. Jugez, quand je trouve ce
„ penchant réciproque, combien j'au-
„ rois de plaisir à m'y livrer ! Non, Mon-
„ sieur, je ne vous rendois que la moi-
„ tié de ce qui vous étoit dû quand je
„ n'avois pour vous que de l'admira-
„ tion. Vos grandes vues, votre éton-
„ nante impartialité, votre génie, vous
„ élevroient trop au-dessus des hommes
„ si votre bon cœur ne vous en rappro-
„ choit. Mylord Mareschal, en m'ap-
„ prenant à vous voir encore plus aima-
„ ble que sublime, me rend tous les jours
„ votre commerce plus desirable &
„ nourrit en moi l'empressement qu'il
„ m'a fait naître de finir mes jours près
„ de vous. Monsieur, qu'une meilleure
„ santé, qu'une situation plus commo-
„ de ne me met-elle à portée de faire ce
„ voyage comme je le desirerois ! Que
„ ne puis-je espérer de nous voir un
„ jour rassemblés avec Mylord dans

„ votre commune Patrie, qui devien-
„ droit la mienne! Je bénirois dans une
„ société si douce les malheurs par les-
„ quels j'y fus conduit, & je croirois
„ n'avoir commencé de vivre que du
„ jour qu'elle auroit commencé. Puissé-
„ je voir cet heureux jour plus desiré
„ qu'espéré! Avec quel transport je m'é-
„ rirois en touchant l'heureuse terre où
„ sont nés David Hume & le Maref-
„ chal d'Écosse :

Salve, fatis mihi debita tellus!
Hæc domus, hæc patria est.

J. J. R.

Ce n'est point par vanité que je publie cette Lettre ; car je vais bientôt mettre au jour une rétractation de tous ces éloges ; c'est seulement pour completter la suite de notre correspondance & pour faire voir qu'il y a longtemps que j'ai été disposé à rendre service à M. Rousseau.

Notre commerce avoit entierement cessé jusqu'au milieu de l'été dernier, [1765] lorsque la circonstance suivante le renouvella. Une personne qui s'intéresse à M. Rousseau, étant allée faire un voyage dans une des Provinces de France qui avoisinent la Suisse, profita de cette occasion pour rendre visite au Philosophe solitaire, dans sa retraite à Motiers-Travers. Il dit à cette personne que le séjour de Neuchâtel lui devenoit très-désagréable, tant par la superstition du Peuple que par la rage dont les Prêtres étoient animés contre lui ; qu'il craignoit d'être bientôt dans la nécessité d'aller chercher un asyle allieurs, & que dans ce cas l'Angleterre lui paroissoit, par la nature de ses Loix & de son Gouvernement, le seul endroit où il pût trouver une retraite assurée : il ajouta que Mylord Mareschal, son ancien Protecteur, lui avoit conseillé de se mettre sous ma *protection* [c'est le terme dont il voulu bien se servir] ; & qu'en conséquence il étoit disposé à s'adresser à moi, s'il croyoit que cela ne me donneroit pas trop d'embarras.

J'étois alors chargé des Affaires d'Angleterre à la Cour de France ; mais comme j'avois la perspective de retourner bientôt à Londres, je ne rejettai point une proposition qui m'étoit faite dans de semblables circonstances par un homme que son génie & ses malheurs avoient rendu célebre. Dès que je fus informé de la situation & des intentions de M. Rousseau, je lui écrivis pour lui offrir mes services, & il me fit la Réponse suivante.

M. ROUSSEAU A M. HUME.

A Strasbourg, le 4 Décembre 1765.

„ Vos bontés, Monsieur, me pénetrent autant qu'elles m'honorent. La plus digne Réponse que je puisse faire à vos offres, est de les accepter, & je les accepte. Je partirai dans cinq ou six jours pour aller me jetter entre vos bras. C'est le conseil de Mylord Mareschal, mon Protecteur, mon ami, mon pere ; c'est celui de Madame de ***, (*a*) dont la bienveillance éclairée me guide autant qu'elle me console ; enfin, j'ose dire que c'est celui de mon cœur qui se plaît à devoir beaucoup au plus illustre de mes Contemporains, dont la bonté surpasse la gloire. Je soupire après une retraite solitaire & libre où je puisse finir mes jours en paix. Si vos soins bienfaisans me la procurent, je jouirai tout ensemble & du seul bien que mon cœur désire, &

(*a*) La personne que M. Rousseau nomme ici a exigé qu'on supprimât son nom. *Notes des Editeurs.*

„ du plaisir de le tenir de vous. Je vous
„ salue, Monsieur, de tout mon cœur. »
J. J. R.

Je n'avois pas attendu ce moment pour m'occuper des moyens d'être utile à M. Rousseau. M. Clairaut, quelques semaines avant sa mort, m'avoit communiqué la Lettre suivante.

M. ROUSSEAU A M. CLAIREAUT.

De Motiers-Travers, le 3 Mars 1765.

„ LE souvenir, Monsieur, de vos
„ anciennes bontés pour moi vous cau-
„ se une nouvelle importunité de ma
„ part. Il s'agiroit de vouloir bien être,
„ pour la seconde fois, Censeur d'un
„ de mes Ouvrages. C'est une très-
„ mauvaise rapsodie que j'ai compilée
„ il y a plusieurs années, sous le nom
„ de *Dictionnaire de Musique*, & que
„ je suis forcé de donner aujourd'hui
„ pour avoir du pain. Dans le torrent
„ des malheurs qui m'entraîne, je suis
„ hors d'état de revoir ce Recueil. Je
„ sais qu'il est plein d'erreurs & de
„ bevues. Si quelqu'intérêt pour le sort
„ du plus malheureux des hommes vous
„ portoit à voir son Ouvrage avec un
„ peu plus d'attention que celui d'un
„ autre, je vous serois sensiblement
„ obligé de toutes les fautes que vous

,, voudriez bien corriger chemin faisant.
,, Les indiquer sans les corriger ne se-
,, roit rien faire, car je suis absolument
,, hors d'état d'y donner la moindre at-
,, tention, & si vous dignez en user
,, comme de votre bien, pour changer,
,, ajouter, ou retrancher, vous exer-
,, cerez une charité très-utile & dont
,, je serai très-reconnoissant. Recevez,
,, Monsieur, mes très-humbles excuses
,, & mes salutations. »
J. J. R.

Je le dis avec regret, mais je suis forcé de le dire : je sais aujourd'hui avec certitude que cette affectation de misere & de pauvreté extrême, n'est qu'une petite charlatanerie que M. Rousseau emploie avec succès pour se rendre plus intéressant & exciter la commisération du Public; mais j'étois bien loin de soupçonner alors un semblable artifice. Je sentis s'élever dans mon cœur un mouvement de pitié, mêlé d'indignation, en imaginant qu'un homme de Lettres, d'un mérite si éminent, étoit réduit, malgré la simplicité de sa maniere de vivre, aux dernieres extrémités de l'indigence, & que cet état malheureux étoit encore agravé par la maladie, par l'approche de la vieillesse & par la rage implacable des dévots persécuteurs

Je savois que plusieurs personnes attribuoient l'état fâcheux où se trouvoit M. Rousseau, à son orgueil extrême qui lui avoit fait refuser les secours de ses amis ; mais je crus que ce défaut, si c'en étoit un, étoit un défaut respectable. Trop de gens de Lettres ont avili leur caractere en s'abaissant à solliciter les secours d'hommes riches ou puissans, indignes de les protéger ; & je croyois qu'un noble orgueil, quoique porté à l'excès, méritoit de l'indulgence dans un homme de génie qui, soutenu par le sentiment de sa propre supériorité & par l'amour de l'indépendance, bravoit les outrages de la fortune & l'insolence des hommes. Je me proposai donc de servir M. Rousseau à sa maniere. Je priai M. Clairaut de me donner sa lettre, & je la fis voir à plusieurs des amis & des Protecteurs que M. Rousseau avoit à Paris. Je leur proposai un arrangement par lequel on pouvoit procurer des secours à M. Rousseau sans qu'il s'en doutât. C'étoit d'engager le Libraire qui se chargeroit de son *Dictionnaire de Musique* à lui en donner une somme plus considérable que celle qu'il en auroit offerte de lui-même, & de rembourser cet excédent au Libraire. Mais ce projet, pour l'exécution duquel les soins de M. Clairaut étoient nécessaires, échoua par la mort inopinée de ce profond & estimable savant.

Comme je conservois toujours la même idée de l'extrême pauvreté de M. Rousseau, je conservai aussi la même disposition à l'obliger, &, dès que je fus assuré de l'intention où il étoit de passer en Angleterre sous ma conduite, je formai le plan d'un artifice à peu près semblable à celui que je n'avois pu exécuter à Paris. J'écrivis sur le champ à mon ami, M. Jean Stewart, de Bukingham street, que j'avois une affaire à lui communiquer, d'une nature si secrette & si délicate que je n'osois même la confier au papier, mais qu'il en apprendroit les détails de M. Elliot (aujourd'hui le Chevalier Gilbert Elliot) qui devoit bientôt retourner de Paris à Londres.

Voici ce plan, que M. Elliot communique en effet quelque tems après à M. Stewart, en lui recommandant le plus grand secret. M. Stewart devoit chercher dans le voisinage de sa maison de Campagne quelque Fermier honnête & discret qui voulût se charger de loger & nourrir M. Rousseau & sa Gouvernante, & leur fournir abondamment toutes les commodités dont ils auroient besoin, moyennant une pension, que M. Stewart pouvoit porter jusqu'à cinquante ou soixante livres * sterlings par an; mais le Fermier devoit s'engager à garder exactement le secret & à ne recevoir de M. Rousseau que vingt ou vingt-cinq livres sterlings par an, & je lui aurois tenu compte du surplus.

M. Stewart m'écrivit bientôt après qu'il avoit trouvé une habitation qu'il croyoit convenable; je le priai de faire meubler l'appartement, à mes frais, d'une maniere propre & commode. Ce plan, dans lequel il n'entroit assurément aucun motif de vanité, puisque le secret en faisoit une condition nécessaire, n'eut pas lieu, parce qu'il se présenta d'autres arrangemens plus commodes & plus agréables. Tout ce fait est bien connu de M. Stewart & du Chevalier Gilbert Elliot.

Il ne sera peut-être pas hors de propos de parler ici d'un autre arrangement que j'avois concerté dans les mêmes intentions. J'avois accompagné M. Rousseau à une campagne très-agréable, dans le Comté de Surrey, où nous passâmes

* La livre sterling vaut environ 22 liv. 10 s. de notre monnoie.

deux jours chez le Colonel Webb. M. Rousseau me parut épris des beautés naturelles & solitaires de cet endroit. Aussi-tôt, par l'entremise de M. Stewart, j'entrai en marché avec le Colonel Webb, pour acheter sa maison avec un petit bien qui y appartenoit, afin d'en faire un établissement pour M. Rousseau. Si, après ce qui s'est passé, il y avoit de la sûreté à citer le témoignage de M. Rousseau sur quelque fait, j'en appellerois à lui-même pour la vérité de ceux que j'avance. Quoiqu'il en soit, ils sont connus de M. Stewart, du Général Clarke & en partie du Colonel Webb.

Je vais reprendre mon récit où je l'ai interrompu. M. Rousseau vint à Paris, muni d'un passeport que ses amis avoient obtenu. Je le conduisis en Angleterre. Pendant plus de deux mois, j'employai tous mes soins & ceux de mes amis pour trouver quelqu'arrangement qui pût lui convenir. On se prêtoit à tous ses caprices ; on excusoit toutes ses singularités ; on satisfaisoit toutes ses fantaisies ; on n'épargna enfin ni temps ni complaisance pour lui procurer ce qu'il désiroit ; &, quoique plusieurs des projets que j'avois formés pour son établissement eussent été rejettés, je me trouvois assez récompensé de mes peines par la reconnoissance & la tendresse même dont il paroissoit recevoir mon zéle & mes bons offices.

Enfin on lui proposa l'arrangement auquel il est aujourd'hui fixé. M. Davenport, Gentilhomme distingué par sa naissance, sa fortune & son mérite, lui a offert une maison, appellée Wootton, qu'il a dans le Comté de Derby, & qu'il habite rarement; & M. Rousseau lui paye pour lui & pour sa Gouvernante une modique pension.

Dès que M. Rousseau fut arrivé à Wootton, il m'écrivit la Lettre suivante.

M. ROUSSEAU A M. HUME.

A Wootton, le 22 Mars 1766.

« Vous voyez déjà, mon cher Pa-
» tron, par la date de ma Lettre, que je
» suis arrivé au lieu de ma destination.
» Mais vous ne pouvez voir tous les
» charmes que j'y trouve; il faudroit
» connoître le lieu & lire dans mon
» cœur. Vous y devez lire au moins
» les sentimens qui vous regardent &
» que vous avez si bien mérités. Si je
» vis dans cet agréable asyle aussi heu-
» reux que je l'espere, une des douceurs
» de ma vie sera de penser que je vous
» les dois. Faire un homme heureux

„ c'est mériter de l'être. Puissiez-vous
„ trouvér en vous-même le prix de tout
„ ce que vous avez fait pour moi ! Seul,
„ j'aurois pu trouver de l'hospitalité,
„ peut-être ; mais je ne l'aurois jamais
„ aussi bien goûtée qu'en la tenant de
„ votre amitié. Conservez-la-moi tou-
„ jours, mon cher Patron, aimez-moi
„ pour moi qui vous dois tant ; pour
„ vous-même ; aimez-moi pour le bien
„ que vous m'avez fait. Je sens tout le
„ prix de votre sincere amitié ; je la
„ désire ardemment ; j'y veux répondre
„ par toute la mienne, & je sens dans
„ mon cœur de quoi vous convaincre
„ un jour qu'elle n'est pas non plus sans
„ quelque prix. Comme, pour des rai-
„ sons dont nous avons parlé, je ne
„ veux rien recevoir par la poste, je
„ vous prie, lorsque vous ferez la bonne
„ œuvre de m'écrire, de remettre votre
„ Lettre à M. Davenport. L'affaire de
„ ma voiture n'est pas arrangée, parce
„ que je sais qu'on m'en a imposé : c'est
„ une petite faute qui peut n'être que
„ l'ouvrage d'une vanité obligeante,
„ quand elle ne revient pas deux fois.
„ Si vous y avez trempé, je vous con-
„ seille de quitter une fois pour toutes
„ ces petites ruses qui ne peuvent avoir

„ un

, un bon principe quand elles se tour-
, nent en piéges contre la simplicité.
, Je vous embrasse, mon cher Patron,
, avec le même cœur que j'espere &
, désire trouver en vous. »
J. J. R.

Peu de jours après, je reçus de lui une autre Lettre dont voici la Copie.

M. ROUSSEAU A M. HUME.
A Wootton, le 29 Mars 1766.

« Vous avez vu, mon cher Patron,
, par la Lettre que M. Davenport a dû
, vous remettre, combien je me trouve
, ici placé selon mon goût. J'y serois
, peut-être plus à mon aise si l'on y
, avoit pour moi moins d'attentions;
, mais les soins d'un si galant homme
, sont trop obligeans pour s'en fâ-
, cher; &, comme tout est mêlé d'in-
, convéniens dans la vie, celui d'être
, trop bien est un de ceux qui se tole-
, rent le plus aisément. J'en trouve un
, plus grand à ne pouvoir me faire
, bien entendre des Domestiques,
, ni sur-tout entendre un mot de ce
, qu'ils me disent. Heureusement Ma-
, demoiselle le Vasseur me sert d'inter-
, prete, & ses doigts parlent mieux
, que ma langue. Je trouve même à
, mon ignorance un avantage qui pour-

,, ra faire compensation, c'est d'écarter
,, les oisifs en les ennuyant. J'ai eu hier
,, la visite de M. le Ministre qui, voyant
,, que je ne lui parlois que François,
,, n'a pas voulu me parler Anglois,
,, de sorte que l'entrevue s'est passée à
,, peu près sans mot dire. J'ai pris goût
,, à l'expédient ; je m'en servirai avec
,, tous mes voisins, si j'en ai, & dussé-je
,, apprendre l'Anglois, je ne leur par-
,, lerai que François, sur-tout si j'ai le
,, bonheur qu'ils n'en sachent pas un
,, mot. C'est à peu près la ruse des
,, singes qui, disent les Négres, ne
,, veulent pas parler quoiqu'ils le puis-
,, sent, de peur qu'on ne les fasse tra-
,, vailler.

,, Il n'est point vrai du tout que je
,, sois convenu avec M. Gosset de rece-
,, voir un modele en présent. Au con-
,, traire, je lui en demandai le prix, qu'il
,, me dit être d'une guinée & demie,
,, ajoutant qu'il m'en vouloit faire la
,, galanterie, ce que je n'ai point ac-
,, cepté. Je vous prie donc de vouloir
,, bien lui payer le modele en question,
,, dont M. Davenport aura la bonté de
,, vous rembourser. S'il n'y consent pas,
,, il faut le lui rendre & le faire acheter
,, par une autre main. Il est destiné

„ pour M. du Peyrou qui depuis long-
„ temps défire avoir mon portrait &
„ en a fait faire un en mignature qui
„ n'eſt point du tout reſſemblant. Vous
„ êtes pourvu mieux que lui, mais je
„ ſuis fâché que vous m'ayez ôté par
„ une diligence auſſi flatteuſe le plaiſir
„ de remplir le même devoir envers
„ vous. Ayez la bonté, mon cher Pa-
„ tron, de faire remettre ce modele à
„ MM. *Guinand & Hankey, Little-*
„ *St. Hellen's Bishopſgate-Street*, pour
„ l'envoyer à M. du Peyrou par la pre-
„ miere occaſion ſûre. Il gele ici depuis
„ que j'y ſuis : il a neigé tous les jours :
„ le vent coupe le viſage ; malgré cela,
„ j'aimerois mieux habiter le trou d'un
„ des lapins de cette garenne que le
„ plus bel appartement de Londres.
„ Bon jour, mon cher Patron, je vous
„ embraſſe de tout mon cœur. „

J. J. R.

Comme nous étions convenus, M. Rouſſeau & moi, de ne point nous gêner l'un l'autre par un commerce de Lettres ſuivi, nous n'avions plus d'autre objet de correſpondance épiſtolaire que celui d'une penſion qu'il s'agiſſoit de lui obtenir du Roi d'Angleterre. Voici le récit fidel & ſuccinct de cette affaire.

Un soir que nous causions ensemble à Calais, où nous étions retenus par les vents contraires, je demandai à M. Rousseau s'il n'accepteroit pas une pension du Roi d'Angleterre, au cas que Sa Majesté voulût bien la lui accorder. Il me répondit que cela n'étoit pas sans difficulté, mais qu'il s'en rapporteroit entierement à l'avis de Mylord Mareschal. Encouragé par cette réponse, je ne fus pas plutôt arrivé à Londres que je m'adressai pour cet objet aux Ministres du Roi, & particulierement au Général Conway, Secrétaire d'Etat, & au Général Grœme, Secrétaire & Chambellan de la Reine. Ils firent la demande de la pension à Leurs Majestés qui y consentirent avec bonté, à condition seulement que la chose resteroit secrette. Nous écrivîmes, M. Rousseau & moi, à Mylord Mareschal, & M. Rousseau marqua dans sa Lettre que le secret qu'on demandoit étoit pour lui une circonstance très-agréable. Le consentement de Mylord Mareschal arriva, comme on se l'imagine bien; M. Rousseau partit peu de jours après pour Wootton, & cette affaire resta quelque temps suspendue, par un dérangement qui survint dans la santé du Général Convay.

Cependant le temps que j'avois passé avec M. Rousseau m'avoit mis à portée de démêler son caractère ; je commençois à craindre que l'inquiétude d'esprit qui lui est naturelle ne l'empêchât de jouir du repos, auquel l'hospitalité & la sûreté qu'il trouvoit en Angleterre l'invitoient à se livrer : je voyois, avec une peine infinie, qu'il étoit né pour le tumulte & les orages, & que le dégoût qui suit la jouissance paisible de la solitude & de la tranquillité, le rendroit bientôt à charge à lui-même & à tout ce qui l'environnoit ; mais, éloigné du lieu qu'il habitoit de cent cinquante milles, & sans cesse occupé des moyens de lui rendre service, je ne m'attendois guères à être moi-même la victime de cette malheureuse disposition de caractere.

Il est nécessaire que je rappelle ici une Lettre qui avoit été écrite à Paris, l'hiver dernier, sous le nom supposé du Roi de Prusse. En voici la Copie.

„ Mon cher Jean-Jacques,

„ Vous avez renoncé à Geneve, vo-
„ tre Patrie. Vous vous êtes fait chasser
„ de la Suisse, Pays tant vanté dans vos
„ Ecrits ; la France vous a décrété ; ve-
„ nez donc chez moi. J'admire vos talens ;
„ je m'amuse de vos rêveries qui (soit

„ dit en passant) vous occupent trop
„ & trop longtemps. Il faut à la fin être
„ sage & heureux ; vous avez fait assez
„ parler de vous par des singularités
„ peu convenables à un véritable grand
„ homme : démontrez à vos ennemis
„ que vous pouvez avoir quelquefois
„ le sens commun : cela les fâchera sans
„ vous faire tort. Mes Etats vous of-
„ frent une retraite paisible : je vous
„ veux du bien & je vous en ferai, si
„ vous le trouvez bon. Mais si vous
„ vous ostinez à rejetter mon secours,
„ attendez-vous que je ne le dirai à per-
„ sonne. Si vous persistez à vous creu-
„ ser l'esprit pour trouver de nouveax
„ malheurs, choisissez-les tels que vous
„ voudrez ; je suis Roi, je puis vous
„ en procurer au gré de vos souhaits,
„ &, ce qui sûrement ne vous arrivera
„ pas vis-à-vis de vos ennemis, je ces-
„ serai de vous persécuter, quand vous
„ cesserez de mettre votre gloire à
„ l'être. „

„ Votre bon ami, FRÉDÉRIC. „

Cette Lettre avoit été composée par M. Horace Walpole, environ trois semaines avant mon départ de Paris ; mais quoique je logeasse dans le même Hôtel que M. Walpole & que nous nous visſions très-ſouvent, cependant par attention pour moi, il avoit ſoigneuſement caché cette plaiſanterie juſqu'après mon départ. Alors il la montra à quelques amis; on en prit des copies, qui bientôt ſe multiplierent. Cette petite piece ſe répandit rapidement dans toute l'Europe, & elle étoit dans les mains de tout le monde, lorſque je la vis à Londres pour la premiere fois.

Tous ceux qui connoiſſent la liberté dont on jouit en Angleterre conviendront, je penſe, que toute l'autorité du Roi, des Lords, & des Communes, & toute la puiſſance Eccléſiaſtique, Civile & Militaire du Royaume ne pourroient empêcher qu'on n'y imprimât une plaiſanterie de ce genre. Auſſi ne fus-je pas étonné de la voir paroître dans le *St. James's Chronicle*; mais je le fus beaucoup de trouver quelques jours après, dans le même Papier, la Piece ſuivante.

M. ROUSSEAU A L'AUTEUR DU ST. JAMES'S CHRONICLE.

De Wootton, le 7 Avril 1766.

,, Vous avez manqué, Monſieur, au
,, reſpect que tout Particulier doit aux
,, Têtes Couronnées, en attribuant pu-
,, bliquement au Roi de Pruſſe une Let-
,, tre pleine d'extravagance & de mé-

B iv

„ chanceté, dont par cela seul vous de-
„ viez savoir qu'il ne pouvoit être l'Au-
„ teur. Vous avez même osé transcrire
„ sa signature, comme si vous l'aviez
„ vue écrite de sa main. Je vous ap-
„ prens, Monsieur, que cette Lettre a
„ été fabriquée à Paris, & ce qui navre
„ & déchire mon cœur, que l'imposteur
„ a des complices en Angleterre.

„ Vous devez au Roi de Prusse, à
„ la vérité, à moi, d'imprimer la Lettre
„ que je vous écris & que je signe, en
„ réparation d'une faute que vous vous
„ reprocheriez sans doute, si vous saviez
„ de quelles noirceurs vous vous ren-
„ dez l'instrument. Je vous fais, Mon-
„ sieur, mes sinceres salutations. „

J. J. R.

Je fus affligé de voir M. Rousseau montrer cet excès de sensibilité pour un incident aussi simple & aussi inévitable que la publication de la prétendue Lettre du Roi de Prusse; mais je me serois cru capable moi-même de noirceur & de méchanceté, si j'avois imaginé que M. Rousseau me soupçonnoit d'être l'Editeur de cette plaisanterie, & que c'étoit contre moi qu'il se disposoit à tourner toute sa fureur. C'est cependant ce qu'il m'a appris depuis. Il est bon de remarquer que huit jours auparavant il m'avoit écrit la Lettre la plus affectueuse * : c'est celle du 29 Mars. J'étois assurément le dernier homme du monde qui, dans les regles du sens commun, devoit être soupçonné ; cependant, sans la plus légere preuve, sans la moindre probabilité, c'est moi que non-seulement M. Rousseau soupçonne, mais qu'il accuse sans hésiter, d'avoir fait imprimer la satyre dont il se plaint ; & , sans faire aucune recherche, sans entrer dans aucune explication, c'est moi qu'il insulte avec dessein, dans un Papier Public ; du plus cher de ses amis, me voilà sur le champ converti en ennemi perfide & méchant, & par-là tous mes services passés & présens sont d'un seul trait adroitement effacés.

S'il n'etoit pas ridicule d'employer le raisonnement sur un semblable sujet & contre un tel homme, je demanderois à M Rousseau pourquoi il me suppose le dessein de lui nuire. Les faits lui ont, en cent occasions, prouvé le contraire, & ce n'est pas l'usage que les services que nous avons rendus fassent naître en nous de la mauvaise volonté contre celui qui les a reçus. Mais, en supposant

* *Page* 19.

B v

que j'eusse dans le cœur une secrete animosité contre M. Rousseau, me serois-je exposé au risque d'être découvert, en envoyant moi-même aux Auteurs des Papiers Publics une satyre qui faisoit du bruit & qui étant aussi généralement répandue, ne pouvoit manquer de tomber bientôt entre leurs mains ?

Comme je n'avois garde de me croire l'objet d'un soupçon si atroce & si ridicule, je continuai à servir M. Rousseau de la maniere la plus constante & la moins équivoque. Je renouvellai mes sollicitations auprès du Général Conway, dès que l'état de sa santé put lui permettre de s'occuper de quelque chose. Le Général s'adressa de nouveau au Roi pour la pension que nous demandions, & Sa Majesté y donna une seconde fois son consentement. On s'adressa aussi au Marquis de Rockingham, Premier Lord de la Trésorerie ; pour arranger cette affaire ; enfin, je la vois heureusement terminée, & plein de la joie la plus vive, j'en mande la nouvelle à mon ami. Je n'en reçus point de réponse ; mais voici la Lettre qu'il écrivit au Général Convay.

M. ROUSSEAU AU GÉNÉRAL CONWAY.

Le 12 Mai 1766.

» Monsieur,
» Vivement touché des graces dont
» il plaît à Sa Majesté de m'honorer,
» & de vos bontés qui me les ont atti-
» rées, j'y trouve, dès à présent, ce
» bien précieux à mon cœur d'intéresser
» à mon sort le meilleur des Rois &
» l'homme le plus digne d'être aimé de
» lui. Voilà, Monsieur, un avantage
» dont je suis jaloux & que je ne mé-
» riterai jamais de perdre. Mais il faut
» vous parler avec la franchise que vous
» aimez. Après tant de malheurs, je
» me croyois préparé à tous les événe-
» mens possibles; il m'en arrive pourtant
» que je n'avois pas prévus & qu'il n'est
» pas permis à un honnête homme de
» prévoir. Ils m'en affectent d'autant plus
» cruellement, & le trouble où ils me
» jettent m'ôtant la liberté d'esprit né-
» cessaire pour me bien conduire, tout
» ce que me dit la raison dans un état
» aussi triste est de suspendre mes ré-
» solutions sur toute affaire importante,
» telle qu'est pour moi celle dont il
» s'agit. Loin de me refuser aux bien-
» faits du Roi, par l'orgueil qu'on m'im-

» puté, je le mettrois à m'en glorifier,
» & tout ce que j'y vois de pénible est
» de ne pouvoir m'en honorer aux yeux
» du Public comme aux miens. Mais
» lorsque je les recevrai, je veux pou-
» voir me livrer tout entier aux sen-
» timens qu'ils m'inspirent & n'avoir le
» cœur plein que des bontés de Sa Ma-
» jesté & des vôtres. Je ne crains pas
» que cette façon de penser les puisse
» altérer. Daignez donc, Monsieur, me
» les conserver pour des tems plus
» heureux : vous connoîtrez alors que
» je ne differe de m'en prévaloir que
» pour tâcher de m'en rendre plus di-
» gne. Agréez, Monsieur, je vous sup-
» plie, mes très-humbles salutations &
» mon respect. »

J. J. R.

Cette lettre parut au Général Convay, comme à moi, un refus net d'accepter la pension tant qu'on en feroit un secret; mais comme M. Rousseau avoit été dès le commencement instruit de cette condition & que toute sa conduite, ses dis- cours, ses lettres, m'avoient persuadé qu'elle lui convenoit, je jugeai qu'il avoit honte de se retracter là dessus en m'écrivant, & je crus voir dans cette mauvaise honte la raison d'un silence dont j'étois surpris.

J'obtins du Général Convay qu'il ne prendroit aucune résolution relativement à cette affaire & j'écrivis à M. Rousseau une lettre pleine d'amitié, dans laquelle je l'exhortai à reprendre sa premiere façon de penser & à accepter la pension.

Quant à l'accablement profond dont M. Rousseau se plaint dans sa lettre au Général Conway, & qui lui ôtoit, disoit-il, jusqu'à la liberté de son esprit, je fus rassuré à cet égard par une lettre de M. Davenport, qui me marquoit que précisément dans ce temps-là son Hôte étoit très-content, très-gai & même très-sociable. Je reconnus là cette foiblesse ordinaire de mon ami, qui veut toujours être un objet d'intérêt en passant pour un homme opprimé par l'infortune, la maladie, les persécutions, lors même qu'il est le plus tranquille & le plus heureux. Son affectation de sensibilité extrême étoit un artifice trop souvent répété pour en imposer à un homme qui le connoissoit aussi bien que moi. D'ailleurs, en le supposant même aussi vivement affecté qu'il le disoit, je n'aurois pu attribuer cette disposition qu'à la prétendue Lettre du Roi de Prusse dont il avoit témoigné tant de chagrin dans les Papiers publics.

J'attendis trois semaines fans avoir de réponfe. Ce procédé me parut un peu étrange, & j'écrivis à M. Davenport; cependant comme j'avois affaire à un homme très-étrange auffi, & que j'attribuois toujours fon filence à la petite honte qu'il pouvoit avoir de m'écrire, je ne voulus pas me décourager, & perdre, pour un vain cérémonial, l'occafion de lui rendre un fervice effentiel. Je renouvellai donc mes follicitations auprès des Miniftres, & je fus affés heureux dans mes foins pour être autorifé à écrire la Lettre fuivante à M. Rouffeau: c'eft la première dont j'ai confervé une copie.

M. Hume a M. Rousseau.
Londres, le 19 Juin 1766.

Comme je n'ai reçu, Monfieur, aucune réponfe de vous, j'en conclus que vous perfévérez dans la réfolution de refufer les bienfaits de Sa Majefté, tant qu'on en fera un fecret. Je me fuis en conféquence adreffé au Général Convay pour faire fupprimer cette condition, & j'ai été affés heureux pour obtenir de lui la promeffe d'en parler au Roi. Il faut feulement, m'a-t-il dit, que nous fachions préalablement de M. Rouffeau s'il eft difpofé à accepter une penfion qui lui seroit accordée publiquement, afin que Sa Majesté ne soit pas exposée à un second refus. Il m'a autorisé à vous écrire là-dessus, & je vous prie de me faire savoir votre résolution le plutôt que vous pourrez. Si vous m'envoyez votre consentement, ce que je vous prie instamment de faire, je sais que je peux compter sur les bons offices du Duc de Richmond pour appuyer la demande du Général Convay ; ainsi je ne doute nullement du succès.

Je suis, mon cher Monsieur, très-sincérement tout à vous.

D. H.

Je reçus au bout de cinq jours la Réponse suivante.

M. ROUSSEAU A M. HUME.
A Vootton, le 23. Juin 1766.

Je croyois, Monsieur, que mon silence interprété par votre conscience en disoit assés ; mais puisqu'il entre dans vos vuës de ne pas l'entendre, je parlerai. Vous vous êtes mal caché, je vous connois, & vous ne l'ignorez pas. Sans liaisons antérieures, sans querelles, sans démêlés, sans nous connoître autrement que par la réputation littéraire, vous vous empressez à m'offrir vos amis & vos soins. Touché de votre générosité, je me jette entre vos bras ; vous m'amenez en Angleterre, en apparence pour m'y procurer un asyle, & en effet pour m'y déshonorer. Vous vous appliquez à cette noble œuvre avec un zèle digne de votre cœur & avec un succès digne de vos talens. Il n'en falloit pas tant pour réussir : vous vivez dans le monde, & moi dans la retraite ; le Public aime à être trompé, & vous êtes fait pour le tromper. Je connois pourtant un homme que vous ne tromperez pas : c'est vous-même. Vous savez avec quelle horreur mon cœur repoussa le premier soupçon de vos desseins. Je vous dît, en vous embrassant, les yeux en larmes, que, si vous n'étiez pas le meilleur des hommes, il falloit que vous en fussiez le plus noir. En pensant à votre conduite secrette, vous vous direz quelquefois que vous n'êtes pas le meilleur des hommes, & je doute qu'avec cette idée vous en soyez jamais le plus heureux.

Je laisse un libre cours aux manœuvres de vos amis, aux vôtres, & je vous abandonne avec peu de regret ma réputation pendant ma vie, bien sûr qu'un jour on nous rendra justice à tous deux. Quant aux bons offices en matiere d'intérêt avec lesquels vous vous masquez,

je vous en remercie & vous en dispense. Je me dois de n'avoir plus de commerce avec vous, & de n'accepter pas même à mon avantage, aucune affaire dont vous soyez le médiateur. Adieu, Monsieur, je vous souhaite le plus vrai bonheur; mais comme nous ne devons plus rien avoir à nous dire, voici la derniere Lettre que vous recevrez de moi.
J. J. R.

Je lui fis sur le champ la Réponse suivante.

M. Hume a M. Rousseau.
Ce 26 Juin 1766.

Comme la conscience me dit que j'en ai toujours agi avec vous de la maniere la plus amicale & que je vous ai donné, en toute occasion, les preuves les plus tendres & les plus actives d'une sincere affection, vous pouvez juger de l'extrême surprise que m'a causé la lecture de votre lettre. Il est aussi impossible de répondre à des accusations si violentes & bornées à de simples généralités, qu'il est impossible de les concevoir. Mais cette affaire ne peut, ne doit pas en rester-là. Je suppose charitablement que quelqu'infâme calomniateur m'a noirci auprès de vous; mais en ce cas, le devoir vous oblige, & je suis persuadé que votre propre inclination vous porte à me donner les moyens de connoître mon accusateur & de me justifier; ce que vous ne pouvez faire qu'en m'instruisant de ce dont on m'accuse. Vous dites que je sais moi-même que je vous ai trahi; mais, je le dis hautement & je le dirai à tout l'Univers: je sais le contraire; je sais que mon amitié pour vous a été sans bornes & sans relâche; &, quoique je vous en aie donné des preuves qui sont universellement connues en France & en Angleterre, le Public n'en connoît encore que la plus petite partie. Je demande que vous me nommiez l'homme qui ose affirmer le contraire, & surtout je demande qu'il cite une seule circonstance dans laquelle je vous aie manqué. Vous le devez à moi; vous le devez à vous-même; vous le devez à la vérité, à l'honneur, à la justice, à tout ce qu'il y a de sacré parmi les hommes. C'est comme innocent, car je ne dirai pas comme votre ami, je ne dirai pas comme votre bienfaiteur; c'est, je le répete, comme innocent, que je réclame le droit de prouver mon innocence, & de confondre les scandaleuses faussetés qu'on peut avoir forgées contre moi. J'espere que M. Davenport, à qui j'ai envoyé une Copie de votre Lettre & qui lira celle-ci avant de vous la remettre, appuyera ma demande & vous dira qu'elle est juste. J'ai heureusement conservé la Lettre que vous m'avez écrite après votre arrivée à Wootton & où vous me marquez, dans les termes les plus forts, & même dans des termes trop forts, combien vous êtes sensible aux foibles efforts que j'ai faits pour vous être utile. Le petit commerce de Lettres que nous avons eu ensuite n'a eu pour objet, de ma part, que des vues dictées par l'amitié. Dites-moi donc ce qui, depuis ce tems-là, a pu vous offenser ; dites-moi de quoi l'on m'accuse ; dites-moi quel est mon accusateur; & quand vous aurez rempli ces conditions à ma satisfaction & à celle de M. Davenport, vous aurez encore beaucoup de peine à vous justifier d'employer des expressions si outrageantes contre un homme avec qui vous avez été si étroitement lié & qui méritoit, à plusieurs titres, d'être traité par vous avec plus d'égards & de décence.

M. Davenport sait tout ce qui s'est passé relativement à votre pension, parce qu'il m'a paru nécessaire que la perfonne qui s'eſt chargée de vous procurer un établiſſement connoiſſe exactement l'état de votre fortune, afin qu'elle ne ſoit pas tentée d'exercer à votre égard des actes de généroſité, qui, en parvenant par haſard à votre connoiſſance, pourroient vous donner quelque ſujet de mécontentement.

Je ſuis, Monſieur, &c. D. H.

Le crédit de M. Davenport me procura, au bout de trois ſemaines, l'énorme Lettre qu'on va lire, & qui a du moins cet avantage pour moi qu'elle confirme toutes les circonſtances importantes de mon récit. J'y joindrai quelques notes qui ne tomberont que ſur des faits que M. Rouſſeau a préſentés peu fidelement, & je laiſſerai à mes Lecteurs à juger lequel de nous deux mérite le plus de confiance.

M. ROUSSEAU A M. HUME.
A Wootton, le 10 Juillet 1766.

* Je ſuis malade, Monſieur, & peu en état d'écrire; mais vous voulez une explication, il faut vous la donner. Il n'a

---

* Les Notes de M. Hume ſont diſtinguées par des chiffres & imprimées en caracteres romains; celles de M. Rouſſeau ſont diſtinguées par une étoile & imprimées en caracteres italiques, *Notes des Editeurs.*

tenu qu'à vous de l'avoir depuis long-temps (1) : vous n'en voulutes point alors, je me tus; vous la voulez aujourd'hui, je vous l'envoye. Elle fera longue, j'en fuis fâché; mais j'ai beaucop à dire, & je n'y veux pas revenir à deux fois.

Je ne vis point dans le monde; j'ignore ce qui s'y paffe; je n'ai point de parti, point d'affocié, point d'intrigue; on ne me dit rien, je ne fais que ce que je fens; mais comme on me le fait bien fentir, je le fais bien. Le premier foin de ceux qui trament des noirceurs eft de fe mettre à couvert des preuves juridiques; il ne feroit pas bon leur intenter procés. La conviction intérieure admet un autre genre de preuves qui reglent les fentimens d'un honnête homme. Vous faurez fur quoi font fondés les miens.

Vous demandez avec beaucoup de confiance qu'on vous nomme votre accufateur. Cet accufateur, Monfieur, eft le feul homme au monde qui, dépofant contre vous, pouvoit fe faire écouter

(1) M. Rouffeau ne m'a affurément jamais donné lieu de lui demander une explication. Si, pendant que nous avons vécu enfemble, il y a eu quelques-uns des indignes foupçons dont cette Lettre eft remplie, il les a tenus bien fecrets.

de moi ; c'est vous-même. Je vais me livrer sans réserve & sans crainte à mon caractere ouvert ; ennemi de tout artifice je vous parlerai avec la même franchise que si vous étiez un autre en qui j'eusse toute la confiance que je n'ai plus en vous. Je vous ferai l'histoire des mouvemens de mon ame & de ce qui les a produits, & nommant M. Hume en tierce personne, je vous ferai juge vous-même de ce que je dois penser de lui. Malgré la longueur de ma Lettre, je n'y suivrai point d'autre ordre que celui de mes idées, commençant par les indices & finissant par la démonstration.

Je quittois la Suisse, fatigué de traitemens barbares, mais qui du moins ne mettoient en péril que ma personne & laissoient mon honneur en sûreté. Je suivois les mouvemens de mon cœur pour aller joindre Mylord Mareschal ; quand je reçus à Strasbourg de M. Hume l'invitation la plus tendre de passer avec lui en Angleterre où il me promettoit l'accueil le plus agréable, & plus de tranquillité que je n'y en ai ttouvé. Je balançai entre l'ancien ami & le nouveau, j'eus tort ; je préférai ce dernier, j'eus plus grand tort : mais le desir de connoître par moi-même une Nation célebre, dont on me disoit tant de mal & tant de bien, l'emporta. Sûr de ne pas perdre George Keith, j'étois flatté d'acquérir David Hume. Son mérite, ses rares talens, l'honnêteté bien établie de son caractere, me faisoient désirer de joindre son amitié à celle dont m'honoroit son illustre Compatriote ; & je me faisois une sorte de gloire de montrer un bel exemple aux Gens de Lettres dans l'union sincere de deux hommes dont les principes étoient si différens.

Avant l'invitation du Roi de Prusse & de Mylord Marechal, incertain sur le lieu de ma retraite, j'avois demandé & obtenu par mes amis un passeport de la Cour de France, dont je me servis pour aller à Paris joindre M. Hume. Il vit, & vit trop peut-être, l'accueil que je reçus d'un grand Prince, &, j'ose dire, du Public. Je me prêtai par devoir, mais avec répugnance à cet éclat, jugeant combien l'envie de mes ennemis en seroit irritée. Ce fut un spectacle bien doux pour moi que l'augmentation sensible de bienveillance pour M. Hume, que la bonne œuvre qu'il alloit faire produisit dans tout Paris. Il devoit en être touché comme moi ; je ne sais s'il le fut de la même maniere.

Nous partons avec un de mes amis qui presqu'uniquement pour moi faisoit le voyage d'Angleterre. En débarquant à Douvres, transporté de toucher enfin cette terre de liberté & d'y être amené par cet homme illustre, je lui saute au cou, je l'embrasse étroitement sans rien dire, mais en couvrant son visage de baisers & de larmes qui parloient assez. Ce n'est pas la seule fois ni la plus remarquable où il ait pu voir en moi les saisissemens d'un cœur pénétré. Je ne sais ce qu'il fait de ces souvenirs, s'ils lui viennent ; j'ai dans l'esprit qu'il en doit quelquefois être importuné.

Nous sommes fêtés arrivant à Londres. On s'empresse dans tous les états à me marquer de la bienveillance & de l'estime. M. Hume me présente de bonne grace à tout le monde ; il étoit naturel de lui attribuer, comme je faisois, la meilleure partie de ce bon accueil : mon cœur étoit plein de lui, j'en parlois à à tout le monde, j'en écrivois à tous mes amis ; mon attachement pour lui prenoit chaque jour de nouvelles forces ; le sien paroissoit pour moi des plus tendres, & il m'en a quelquefois donné des marques dont je me suis senti très-touché. Celle de faire faire mon portrait en grand ne
fut

fut pourtant pas de ce nombre. Cette fantaisie me parut trop affichée, & j'y trouvai je ne sais quel air d'ostentation qui ne me plut pas. C'est tout ce que j'aurois pu passer à M. Hume s'il eût été homme à jetter son argent par les fenêtres, & qu'il eût eu dans une galerie tous les portraits de ses amis. Au reste, j'avouerai sans peine qu'en cela je puis avoir tort (2).

Mais ce qui me parut un acte d'amitié & de générosité des plus vrais & des plus estimables, des plus dignes en un mot de M. Hume, ce fut le soin qu'il prit de solliciter pour moi de lui-même une pension du Roi, à laquelle je n'avois assurément aucun droit d'aspirer. Témoin du zele qu'il mit à cette affaire, j'en fus vivement pénétré: rien ne pouvoit plus me flatter qu'un service de cette espece, non pour l'intérêt assurément car trop atta-

[2] Voici le fait. M. Ramsay mon ami, Peintre distingué & homme de mérite, me proposa de faire le portrait de M. Rousseau; & lorsqu'il l'eut commencé, il me dit que son intention étoit de m'en faire présent. Ainsi ce n'est point à moi que l'idée en vint, & ce portrait ne me coûta rien. M. Rousseau s'est donc également mépris, & lorsqu'il me fait un compliment sur cette prétendue galanterie de ma part dans sa lettre du 29 Mars, & lorsqu'il s'en moque dans celle-ci.

C

ché peut-être à ce que je possede, je ne sais point désirer ce que je n'ai pas, & ayant par mes amis & par mon travail du pain suffisamment pour vivre, je n'ambitionne rien de plus; mais l'honneur de recevoir des témoignages de bonté, je ne dirai pas d'un si grand Monarque, mais d'un si bon pere, d'un si bon mari, d'un si bon maître, d'un si bon ami, & sur-tout d'un si honnête homme, m'affectoit sensiblement; & quand je considérois encore dans cette grace que le Ministre qui l'avoit obtenue étoit la probité vivante, cette probité si utile aux Peuples, & si rare dans son état, je ne pouvois que me glorifier d'avoir pour bienfaiteurs trois des hommes du monde que j'aurois le plus désirés pour amis. Aussi, loin de me refuser à la pension offerte, je ne mis pour l'accepter qu'une condition nécessaire, savoir, un consentement dont, sans manquer à mon devoir, je ne pouvois me passer.

Honoré des empressemens de tout le monde, je tâchois d'y répondre convenablement. Cependant ma mauvaise santé & l'habitude de vivre à la campagne me firent trouver le séjour de la Ville incommode. Aussi-tôt les maisons de campagne se présentent en foule; on m'en offre à choisir dans toutes les Provinces. M. Hume se charge des propositions, il me les fait, il me conduit même à deux ou trois campagnes voisines; j'hésite long-tems sur le choix; il augmentoit cette incertitude. Je me détermine enfin pour cette Province, & d'abord M. Hume arrange tout; les embarras s'applanissent; je pars, j'arrive dans cette habitation solitaire, commode, agréable: le maître de la maison prévoit tout pourvoit à tout; rien ne manque. Je suis tranquille, indépendant; voila le moment si désiré où tous mes maux doivent finir. Non, c'est-là qu'ils commencent, plus cruels que je ne les avois encore éprouvés.

J'ai parlé jusqu'ici d'abondance de cœur, & rendant avec le plus grand plaisir justice aux bons offices de M. Hume. Que ce qui me reste à dire, n'est-il de même nature! Rien ne me coûtera jamais de ce qui pourra l'honorer. Il n'est permis de marchander sur le prix des bienfaits que quand on nous accuse d'ingratitude, & M. Hume m'en accuse aujourd'hui. J'oserai donc faire une observation qu'il rend nécessaire. En appréciant ses soins par la peine & le tems qu'ils lui coûtoient, ils étoient d'un prix inestimable, encore plus par sa bonne volonté:

C ij

pour le bien réel qu'ils m'ont fait, ils ont plus d'apparence que de poids. Je ne venois point comme un mendiant quêter du pain en Angleterre, j'y apportois le mien ; j'y venois abſolument chercher un aſyle, & il eſt ouvert à tout étranger. D'ailleurs je n'y étois point tellement inconnu qu'arrivant ſeul, j'euſſe manqué d'aſſiſtance & de ſervices. Si quelques perſonnes m'ont recherché pour M. Hume, d'autres auſſi m'ont recherché pour moi; &, par exemple, quand M. Davenport voulut bien m'offrir l'aſyle que j'habite, ce ne fut pas pour lui qu'il ne connoiſſoit point, & qu'il vit ſeulement pour le prier de faire & d'appuyer ſon obligeante propoſition. Ainſi quand M. Hume tâche aujourd'hui d'aliéner de moi cet honnête homme, il cherche à m'ôter ce qu'il ne m'a pas donné (3). Tout ce qui s'eſt fait de bien, ſe feroit fait ſans lui à peu près de même, & peut-être mieux ; mais le mal ne ſe fut point fait ; car pourquoi ai-je des ennemis en Angleterre ? Pourquoi ces ennemis ſont-ils préciſément les

(3) M. Rouſſeau me juge mal & devroit me connoître mieux. Depuis notre rupture, j'ai écrit à M. Davenport pour l'engager à conſerver les mêmes bontés à ſon malheureux Hôte.

amis de M. Hume ? Qui est-ce qui a pu m'attirer leur inimitié ? ce n'est pas moi qui ne les vis de ma vie & qui ne les connois pas ; je n'en aurois aucun, si j'y étois venu seul (4).

J'ai parlé jusqu'ici de faits puplics & notoires, qui par leur nature & par ma reconnoissance ont eu le plus grand éclat. Ceux qui me restent à dire sont, non seulement particuliers, mais secrets, du moins dans leur cause, & l'on a pris toutes les mesures possibles pour qu'ils restassent cachés au Public ; mais, bien connus de la personne intéressée, ils n'en operent pas moins sa propre conviction.

Peu de temps après notre arrivée à Londres, j'y remarquai dans les esprits, à mon égard, un changement sourd qui bientôt devint très-sensible. Avant que je vinsse en Angleterre, elle étoit un

---

(4) Etranges effets d'une imagination blessée ! M. Rousseau ignore, dit-il, ce qui se passe dans le monde, & il parle cependant des ennemis qu'il a en Angleterre. D'où le sait-il ? Où les voit-il ? Il n'y a reçu que des marques de bienfaisance & d'hospitalité. M. Walpole seul avoit fait une plaisanterie sur lui, mais n'étoit point pour cela son ennemi. Si M. Rousseau voyoit les choses comme elles sont, il verroit qu'il n'a eu en Angleterre d'autre ami que moi & d'autre ennemi que lui-même.

des Pays de l'Europe où j'avois le plus de réputation, j'oferois prefque dire de confidération. Les Papiers publics étoient pleins de mes éloges, & il n'y avoit qu'un cri contre mes perfécuteurs. Ce ton fe foutint à mon arrivée ; les Papiers l'annoncerent en triomphe ; l'Angleterre s'honoroit d'être mon refuge ; elle en glorifioit avec juftice fes Loix & fon Gouvernement. Tout-à-coup, & fans aucune caufe affignable, ce ton change, mais fi fort & fi vîte que dans tous les caprices du Public, on n'en voit guère de plus étonnant. Le fignal fut donné dans un certain *Magafin*, auffi plein d'inepties que de menfonges, où l'Auteur bien inftruit ou feignant de l'être me donnoit pour fils de Muficien. Dès ce moment les imprimés ne parlerent plus de moi que d'une maniere équivoque ou malhonnête. Tout ce qui avoit trait à mes malheurs étoit déguifé, altéré, préfenté fous un faux jour, & toujours le moins à mon avantage qu'il étoit poffible. Loin de parler de l'accueil que j'avois reçu à Paris, & qui n'avoit fait que trop de bruit, on ne fuppofoit pas même que j'euffe ofé paroître dans cette Ville, & un des amis de M. Hume fut très-furpris quad je lui dis que j'y avois paffé.

Trop accoutumé à l'inconstance du Public pour m'en affecter, encore je ne laissois pas d'être étonné de ce changement si brusque, de ce concert si singulierement unanime, que pas un de ceux qui m'avoient tant loué absent, ne parut, moi présent, se souvenir de mon existence. Je trouvois bizarre que précisément après le retour de M. Hume qui a tant de crédit à Londres, tant d'influence sur les gens de Lettres & les Libraires, & de si grandes liaisons avec eux, sa présence eut produit un effet si contraire à celui qu'on en pouvoit attendre ; que, parmi tant d'Ecrivains de toutes espéce, pas un de ses amis ne se montrât le mien; & l'on voyoit bien que ceux qui parloient de moi n'étoient pas les ennemis, puisqu'en faisant sonner son caractere public, ils disoient que j'avois traversé la France sous sa protection, à la faveur d'un passeport qu'il m'avoit obtenu de la Cour, & peu s'en falloit qu'ils ne fissent entendre que j'avois fait le voyage à sa suite & à ses frais.

Ceci ne signifioit rien encore & n'étoit que singulier ; mais ce qui l'étoit davantage fut que le ton de ses amis ne changea pas moins avec moi que celui du Public. Toujours, je me fais un plaisir de le dire, leurs soins, leurs bons offices ont été les mêmes, & très-grands en ma faveur ; mais loin de me marquer la même estime, celui sur-tout dont je veux parler & chez qui nous étions descendus à notre arrivée, accompagnoit tout cela de propos si durs & quelquefois si choquans qu'on eût dit qu'il ne cherchoit à m'obliger que pour avoir droit de me marquer du mépris (5). Son frere, d'abord très-accueillant, très-honnête, changea bientôt avec si peu de mesure qu'il ne daignoit pas-même dans leur propre maison me dire un seul mot, ni me rendre le salut, ni aucun des devoirs que l'on rend chez soi aux étrangers. Rien cependant n'étoit survenu de nouveau que l'arrivée de J. J. R. & de David Hume ; & certainement la cause de ces changemens ne vint pas de moi ; à moins que trop de simplicité, de discrétion de

(5) Ii s'agit ici de M. Jean Stewart, mon ami, qui a reçu M. Rousseau chez lui & lui a rendu tous les bons offices qu'il a pu lui rendre. En se plaignant de ses procédés, M. Rousseau a oublié qu'il lui a écrit de Wootton même une Lettre pleine des témoignages de reconnoissance les plus expressifs & les plus justes. Ce que M. Rousseau ajoûte sur le frere de M. Stewart, n'est ni vrai ni honnête.

modestie ne soit un moyen de mécontenter les Anglois.

Pour M. Hume, loin de prendre avec moi un ton révoltant, il donnoit dans l'autre extrême. Les flagorneries m'ont toujours été suspectes. Il m'en a fait de toutes les façons *, au point de me forcer, n'y pouvant tenir davantage, (6) à lui en dire mon sentiment. Sa conduite le dispensoit fort de s'étendre en paroles; cependant, puisqu'il en vouloit dire, j'aurois voulu qu'à toutes ces louanges fades il eût substitué quelquefois la voix d'un ami; mais je n'ai jamais trouvé dans son langage rien qui sentît la vraie amitié, pas même dans la façon dont il parloit de moi à d'autres en ma presence.

* *J'en dirai seulement une qui m'a fait rire; c'étoit de faire ensorte, quand je venois le voir, que je trouvasse toujours sur sa table un Tome de l'Héloïse; comme si je ne connoissois pas assez le goût de M. Hume, pour être assuré que, de tous les Livres qui existent, l'Héloïse doit être pour lui le plus ennuyeux.*

(6) On peut juger par les deux premieres Lettres de M. Rousseau, que j'ai publiées à dessein, de quel côté les *flagorneries* ont commencé. Au reste, j'aimois & j'estimois M. Rousseau, & j'avois du plaisir à le lui marquer. Peut-être en effet l'ai-je trop loué, mais je peux assurer qu'il ne s'en est jamais plaint.

C v

On eût dit qu'en voulant me faire des Patrons il cherchoit à m'ôter leur bienveillance, qu'il vouloit plutôt que j'en fusse assisté qu'aimé; & j'ai quelquefois été surpris du tour révoltant qu'il donnoit à ma conduite près des gens qui pouvoient s'en offenser. Un exemple éclaircira ceci. M. Penneck du Musæum, ami de Milord Mareschal & Pasteur d'une Paroisse ou l'on vouloit m'établir, vient nous voir. M. Hume, moi présent, lui fait mes excuses de ne l'avoir pas prévenu; le Docteur Maty, lui dit-il, nous avoit invités pour Jeudi au Musæum où M. Rousseau devoit vous voir; mais il préféra d'aller avec Madame Garrick à la Comédie; on ne peut pas faire tant de choses en un jour (7). Vous m'avouerez, Monsieur, que c'étoit-là une étrange façon de me capter la bienveillance de M. Penneck.

Je ne sais ce qu'avoit pu dire en secret M. Hume à ses connoissances; mais rien n'étoit plus bizarre que leur façon d'en user avec moi de son aveu, souvent

(7) Je ne me rappelle pas un mot de toute cette histoire; mais ce qui me dispense d'y ajoûter foi, c'est que je me souviens très-bien que nous avions pris deux jours différens pour visiter le *Musæum* & pour aller à la Comédie.

même par son assistance. Quoique ma bourse ne fût pas vuide, que je n'eusse besoin de celle de personne, & qu'il le sût très-bien, l'on eût dit que je n'étois là que pour vivre aux dépens du Public, & qu'il n'étoit question que de me faire l'aumône, de maniere à m'en sauver un peu l'embarras ; (8) je puis dire que cette affectation continuelle & choquante est une des choses qui m'ont fait prendre le plus en aversion le séjour de Londres. Ce n'est sûrement pas sur ce pied qu'il faut présenter en Angleterre un homme à qui l'on veut attirer un peu de considération : mais cette charité peut être bénignement interprétée, & je consens qu'elle le soit. Avançons.

On répand à Paris une fausse Lettre du Roi de Prusse, à moi adressée & pleine de la plus cruelle malignité. J'apprens avec surprise que c'est un M. Walpole, ami de M. Hume, qui répand cete Lettre ; je lui demande si cela est vrai ;

(8) J'imagine que M. Rousseau veut parler ici de deux ou trois dîners qui lui furent envoyés de la Maison de M. Stewart lorsqu'il voulut manger chez lui ; & ce n'étoit pas pour lui épargner la dépense d'un repas, mais seulement parce qu'il n'y avoit pas de Traiteur dans le voisinage. Je demande pardon aux Lecteurs de les entretenir de semblables détails.

C vj

mais pour toute réponse il me demande de qui je le tiens. Un moment auparavant, il m'avoit donné une carte pour ce même M. Walpole, afin qu'il se chargeât de Papiers qui m'importent, & que je veux faire venir de Paris en sûreté.

J'apprends que le fils du * Jongleur Tronchin, mon plus mortel ennemi, est non-seulement l'ami, le protégé de M. Hume, mais qu'ils logent ensemble, & quand M. Hume voit que je sais cela, il m'en fait la confidence, m'assurant que le fils ne ressemble pas au pere. J'ai logé quelque nuits dans cette maison chez M. Hume avec ma Gouvernante, & à l'air, à l'accueil dont nous ont honorés ses Hôtesses, qui sont ses amies, j'ai jugé à la façon dont lui ou cet homme qu'il dit ne pas ressembler à son pere, ont pu leur parler d'elle & de moi. (9)

* Nous n'avons pas été autorisés à supprimer cette injure ; mais elle est trop grossiere & trop gratuite pour blesser le célébre & estimable Médecin sur qui elle tombe. *Note des Editeurs.*

(9) Me voilà donc accusé de trahison parce que je suis l'ami de M. Walpole, qui a fait une plaisanterie sur M. Rousseau ; parce que le fils d'un homme que M. Rousseau n'aime pas se trouve par hazard logé dans la même maison

Ces faits combinés entr'eux & avec une certaine apparence générale me donnent insensiblement une inquétude que je repousse avec horreur. Cependant les Lettres que j'écris n'arrivent pas; j'en reçois qui ont été ouvertes, & toutes ont passé par les mains de M. Hume [10]. Si quelqu'une lui echappe il ne peut cacher l'ardante avidité de la voir. Un soir, je vois encore chez lui une manœuvre de Lettre dont je suis frappé. *

que moi; parce que mes Hôtesses, qui ne savent pas un mot de François, ont regardé M. Rousseau froidement!.... Au reste, j'ai dit seulement à M. Rousseau que le jeune Tronchin n'avoit pas contre lui les mêmes préventions que son pere.

(10) Ces imputations d'indiscrétion & d'infidélité sont si odieuses, & les preuves en sont si ridicules, que je me crois dispensé d'y répondre.

* Il faut dire ce que c'est que cette manœuvre. J'écrivois sur la table de M. Hume, en son absence, une réponse à une Lettre que je venois de recevoir. Il arrive, très-curieux de savoir ce que j'écrivais & ne pouvant presque s'abstenir d'y lire. Je ferme ma Lettre sans la lui montrer, & comme je la mettois dans ma poche, il la demande avidement, disant qu'il l'enverra le lendemain jour de poste. La Lettre reste sur la table. Lord Newnham arrive, M. Hume sort un moment; je reprens ma Lettre, disant que j'aurai le tems de l'evoyer le lendemain.

Après le souper, gardant tous deux le silence au coin de son feu, je m'apperçois qu'il me fixe, comme il lui arrivoit souvent & d'une maniere dont l'idée est difficile à rendre. Pour cette fois, son regard sec, ardent, moqueur & prolongé devint plus qu'inquiétant. Pour m'en débarrasser, j'essayai de le fixer à mon tour ; mais en arrêtant mes yeux sur les siens, je sens un frémissement inexplicable, & bientôt je suis forcé de les baisser. La physionomie & le ton du bon David sont d'un bon homme, mais où, grand Dieu ! ce bon homme emprunte-t'il

Lord Newnham m'offre de l'envoyer par le paquet de M. l'Ambassadeur de France, j'accepte. M. Hume rentre tandis que Lord Newnham fait son enveloppe, il tire son cachet, M. Hume offre le sien avec tant d'empressement qu'il faut s'en servir par préférence. On sonne, Lord Newnham donne la Lettre au Laquais de M. Hume pour la remettre au sien qui attend en bas avec son carosse, afin qu'il la porte chez M. l'Ambassadeur. A peine le Laquais de M. Hume étoit hors de la porte que je me dis, je parie que le Maître va le suivre : il n'y manqua pas. Ne sachant comment laisser seul Mylord Newnham, j'hésitai quelque tems avant que de suivre à mon tour M. Hume ; je n'apperçus rien, mais il vit très-bien que j'étois inquiet. Ainsi quoique je n'aie reçu aucune réponse à ma Lettre, je ne doute pas qu'elle ne soit parvenue ; mais je doute un peu, je l'avoue, qu'elle n'ait pas été lue auparavant.

les yeux dont il fixe ses amis?

L'impression de ce regard me reste & m'agite; mon trouble augmente jusqu'au saisissement : si l'épanchement n'eût succédé, j'étouffois. Bientôt un violent remords me gagne; je m'indigne de moi-même; enfin dans un transport que je me rappelle encore avec délices, je m'élance à son cou, je le serre étroitement ; suffoqué de sanglots, inondé de larmes, je m'écrie d'une voix entrecoupée: *Non, non, David Hume n'est pas un traître; s'il n'étoit le meilleur des hommes, il faudroit qu'il en fût le plus noir* (11). David Hume me rend poliment mes embrassemens, & tout en me frappant de petits coups sur le dos, me répete plusieurs fois d'un ton tranquille : *Quoi, mon cher Monsieur! Et mon cher mon Monsieur! Quoi donc, mon cher Monsieur!* Il ne me dit rien de plus ; je sens que mon cœur se resserre : nous allons nous coucher, & je pars le lendemain pour la Province.

Arrivé dans cet agréable asyle où j'étois venu chercher le repos de si loin, je devois le trouver dans une maison soli-

(11) Tout le dialogue de cette scene est artificieusement concerté pour préparer & fonder une partie de la fable tissue dans cette Lettre. On verra ce que j'ai à dire sur cet article dans ma réponse à M. Rousseau.

taire, commode & riante, dont le Maître, homme d'esprit & de mérite, n'épargnoit rien de ce qui pouvoit m'en faire aimer le séjour. Mais quel repos peut-on goûter dans la vie quand le cœur est agité! Troublé de la plus cruelle incertitude, & ne sachant que penser d'un homme que je devois aimer, je cherchai à me délivrer de ce doute funeste en rendant ma confiance à mon bienfaiteur. Car, pourquoi, par quel caprice inconcevable eût-il eu tant de zele à l'extérieur pour mon bien-être, avec des projets secrets contre mon honneur ? Dans les observations qui m'avoient inquiété, chaque fait en lui-même étoit peu de chose, il n'y avoit que leur concours d'étonnant, & peut-être instruit d'autres faits que j'ygnorois, M. Hume pouvoit-il, dans un éclaircissement, me donner une solution satisfaisante. La seule chose inexplicable étoit qu'il se fût refusé à un éclaircissement que son honneur & son amitié pour moi rendoient également nécessaire. Je voyois qu'il y avoit là quelque chose que je ne comprenois pas & que je mourois d'envie d'entendre. Avant donc de me décider absolument sur son compte, je voulus faire un dernier effort & lui écrire pour le ramener, s'il se laisfoit féduire à mes ennemis, ou pour le faire expliquer de maniere ou d'autre. Je lui écrivis une Lettre qu'il dut trouver fort naturelle * s'il étoit coupable, mais fort extraordinaire s'il ne l'étoit pas: car, quoi de plus extraordinaire qu'une Lettre pleine à la fois de gratitude fur fes fervices & d'inquiétude fur fes fentimens, & où, mettant, pour ainfi dire, fes actions d'un côté & fes intentions de l'autre, au lieu de parler des preuves d'amitié qu'il m'avoit données, je le prie de m'aimer à caufe du bien qu'il m'avoit fait (12)? Je n'ai pas pris mes précautions d'affez loin pour garder une copie de cette Lettre; mais, puifqu'il les a prifes lui, qu'il la montre; & quiconque la lira, y voyant un homme tourmenté d'une peine fecrete qu'il veut faire entendre & qu'il n'ofe dire, fera curieux, je m'affure, de favoir quel éclairciffement cette Lettre aura produit, fur-tout à la fuite de la

* *Il paroît par ce qu'il m'écrit en dernier lieu qu'il eft très-content de cette Lettre, & qu'il la trouve fort bien.*

(12) Ma réponfe à cela eft dans la Lettre même de M. Rouffeau, du 22 Mars, où l'on trouve le ton de la plus grande cordialité, fans aucune réferve, fans la moindre apparence de foupçon.

scene précédente. Aucun, rien du tout. M. Hume, se contente en réponse, de me parler des soins obligeans que M. Davenport se propose de prendre en ma faveur. Du reste, pas un mot sur le principal sujet de ma Lettre, ni sur l'état de mon cœur dont il devoit si bien voir le tourment. Je fus frappé de ce silence encore plus que je ne l'avois été de son flegme à notre dernier entretien. J'avois tort, ce silence étoit fort naturel après l'autre & j'aurois dû m'y attendre. Car quand on a osé dire en face à un homme: *je suis tenté de vous croire un traître*, & qu'il n'a pas la curiosité de vous demander *sur quoi* (13), l'on peut compter qu'il n'aura pareille curiosité de sa vie, & pour peu que les indices le chargent, cet homme est jugé.

Après la réception de sa Lettre, qui tarda beaucoup, je pris enfin mon parti, & résolus de ne lui plus écrire. Tout me confirma bien-tôt dans la résolution de rompre avec lui tout commerce. Curieux au dernier point du détail de mes moindres affaires, il ne s'étoit pas borné à s'en informer de moi dans nos entre-

(13) Tout cela porte sur la même fable. Voyez la 11e. Note.

tiens, mais j'appris qu'après avoir commencé par faire avouer à ma Gouvernante qu'elle en étoit instruite, il n'avoit pas laissé échapper avec elle un seul tête-à-tête (14) sans l'interroger jusqu'à l'importunité sur mes occupations, sur mes ressources, sur mes amis, sur mes connoissances, sur leurs noms, leur état, leur demeure, & avec une adresse Jésuitique, il avoit demandé séparément les mêmes choses à elle & à moi. On doit prendre intérêt aux affaires d'un ami, mais on doit se contenter de ce qu'il veut nous en dire, sur-tout quand il est aussi ouvert, confiant que moi, & tout ce petit cailletage de commerce convient, on ne peut pas plus mal, à un Philosophe.

Dans le même tems je reçois encore deux Lettres qui ont été ouvertes. L'une de M. Boswell, dont le cachet étoit en si mauvais état que M. Davenport, en la recevant, le fit remarquer au Laquais de M. Hume; & l'autre de M. d'Ivernois, dans un paquet de M. Hume, laquelle avoit été recachetée au moyen d'un fer

(14) Je n'ai eu qu'un seul *tête-à-tête* avec sa Gouvernante; ce fut lorsqu'elle arriva à Londres. J'avoue qu'il ne me vint pas dans l'esprit de l'entretenir d'autre chose que de M. Rousseau.

chaud qui, maladroitement appliqué, avoit brûlé le papier autour de l'empreinte. J'écrivis à M. Davenport pour le prier de garder par-de-vers lui toutes les Lettres qui lui seroient remises pour moi, & de n'en remettre aucune à personne, sous quelque prétexte que ce fût. J'ignore si M. Davenport, bien eloigné de penser que cette précaution pût regarder M. Hume, lui montra ma Lettre ; mais je sais que tout disoit à celui-ci qu'il avoit perdu ma confiance, & qu'il n'en alloit pas moins son train sans s'embarrasser de de la recouvrer.

Mais que devins-je lorsque je vis dans les Papiers Publics la prétendue Lettre du Roi de Prusse que je n'avois pas encore vue, cette fausse Lettre, imprimée en François & en Anglois donnée pour vraie, même avec la signature du Roi, & que j'y reconnus la plume de M. d'Alembert * aussi sûrement que si je lui avois vu écrire ?

A l'instant un trait de lumiere vint m'éclairer sur la cause secrette du changement étonnant & prompt du Public Anglois à mon égard & je vis à Paris le foyer

* Voyez là-dessus la déclaration de M. d'Alembert imprimée à la fin de cette brochure. *Note. des Editeurs.*

du complot qui s'exécutoit à Londres.

M. d'Alembert, autre ami très-intime de M. Hume, étoit depuis long-tems mon ennemi caché, & n'épioit que les occasions de me nuire sans se commettre; il étoit le seul des gens de Lettre d'un certain nom & de mes anciennes connoissances qui ne me fut point venu voir [15] ou qui ne m'eût rien fait dire à mon dernier passage à Paris. Je connoissois ses dispositions secrettes, mais je m'en inquiétois peu, me contentant d'en avertir mes amis dans l'occasion. Je me souviens qu'un jour, questionné sur son compte par M. Hume, qui questionna de même ensuite ma Gouvernante, je lui dis que M. d'Alembert étoit un homme adroit & rusé. Il me contredît avec une chaleur dont je m'étonnai, ne sachant pas alors qu'ils étoient si bien ensemble, & que c'étoit sa propre cause qu'il défendoit.

La lecture de cette Lettre m'allarma beaucoup, & sentant que j'avois été attiré en Angleterre en vertu d'un projet qui commençoit à s'exécuter, mais dont j'ignorois le but, je sentois le péril sans

(15) M. Rousseau étoit excédé, disoit-il, des visites qu'il recevoit; doit-il se plaindre que M. d'Alembert, qu'il n'aimoit pas, ne l'ait pas importuné de la sienne?

savoir où il pouvoit être ni de quoi j'avois à me garantir ; je me rappellai alors quatre mots effrayans de M. Hume, que je rapporterai ci-après. Que penser d'un Ecrit où l'on me faisoit un crime de mes miseres ; qui tendoit à m'ôter la commissération de tout le monde dans mes malheurs, & qu'on donnoit sous le nom du Prince même qui m'avoit protégé, pour en rendre l'effet plus cruel encore ? Que devois-je augurer de la suite d'un tel début ? Le Peuple Anglois lit les Papiers Publics, & n'est pas déja trop favorable aux étrangers. Un vêtement qui n'est pas le sien suffit pour le mettre de mauvaise humeur. Qu'en doit attendre un pauvre étranger dans ses promenades champêtres, le seul plaisir de la vie auquel il s'est borné, quand on aura persuadé à ces bonnes gens que cet homme aime qu'on le lapide ? Ils seront fort tentés de lui en donner l'amusement. Mais ma douleur, ma douleur profonde & cruelle, la plus amere que j'aie jamais ressentie, ne venoit pas du péril auquel j'étois exposé. J'en avois trop bravé d'autres pour être fort ému de celui-là. La trahison [16] d'un faux ami,

(16) *Ce faux ami*, c'est moi, sans doute ; mais cette *trahison* quelle est-elle ? Quel mal

dont j'étois la proie, étoit ce qui portoit dans mon cœur trop sensible l'accablement, la tristesse & la mort. Dans l'impétuosité d'un premier mouvement, dont jamais je ne fus le maître, & que mes adroits ennemis savent faire naître pour s'en prévaloir, j'écris des Lettres pleines de désordre où je ne déguise ni mon trouble ni mon indignation.

Monsieur, j'ai tant de choses à dire qu'en chemin faisant j'en oublie la moitié. Par exemple, une Relation en forme de Lettre sur mon séjour à Montmorency fut portée par des Libraires à M. Hume qui me la montra. Je consentis qu'elle fût imprimée; il se chargea d'y veiller; elle n'a jamais paru. J'avois apporté un Exemplaire des Lettres de M. du Peyrou contenant la Relation des affaires de Neuf-châtel qui me regardent; je les remis aux mêmes Libraires à leur priere pour les faire traduire & réimprimer; M. Hume se chargea d'y veiller; elles n'ont jamais paru *. Dès que la fausse

ai-je fait ou ai-je pu faire à M. Rousseau? En me supposant le projet caché de le perdre, comment pouvois-je y parvenir par les services que je lui rendois? Si M. Rousseau en étoit cru, on me trouveroit bien plus imbécile que méchant.

* *Les Libraires viennent de me marquer que*

Lettre du Roi de Prusse & sa traduction parurent, je compris pourquoi les autres Ecrits restoient supprimés, [17] & je l'écrivis aux Libraires. J'écrivis d'autres Lettres qui probablement ont couru dans Londres: enfin j'employai le crédit d'un homme de mérite & de qualité pour faire mettre dans les Papiers une déclaration de l'imposture. Dans cette Déclaration, je laissois paroître toute ma douleur & je n'en déguisois pas la cause.

Jusqu'ici M. Hume a semblé marcher dans les ténebres. Vous l'allez voir désormais dans la lumiere & marcher à découvert. Il n'y a qu'à toujours aller droit avec les gens rusés: tôt ou tard ils se décelent par leurs ruses mêmes.

Lorsque cette prétendue Lettre du Roi de Prusse fut publiée à Londres, M. Hume, qui certainement savoit qu'elle étoit supposée, puisque je le lui avois dit, n'en dit rien, ne m'écrit rien, se

cette Edition est faite & prête à paroître. Cela peut-être, mais c'est trop tard, & qui pis est, trop à propos.

(17) Il y a environ quatre mois que M. Becket, Libraire, dit à M. Rousseau que c'étoit une maladie survenue au Traducteur qui avoit retardé cette publication. Au reste je n'ai jamais promis de donner aucun soin à cette édition. M. Becket m'en est garant.

tait

tait & ne songe pas même à faire, en faveur de son ami absent, aucune déclaration de la vérité [18]. Il ne falloit, pour aller au but, que laisser dire & se tenir coi ; c'est ce qu'il fit.

M. Hume ayant été mon conducteur en Angleterre, y étoit, en quelque façon, mon protecteur, mon patron. S'il étoit naturel qu'il prît ma défense, il ne l'étoit pas moins qu'ayant une protestation publique à faire, je m'adressasse à lui pour cela. Ayant déja cessé [19] de lui écrire, je n'avois garde de recommencer. Je m'adresse à un autre. Premier soufflet sur la joue de mon Patron. Il n'en sent rien.

En disant que la Lettre étoit fabriquée à Paris, il m'importoit fort peu lequel on entendît de M. d'Alembert ou de son prête-nom M. Walpole ; mais en ajoutant que ce qui navroit & déchiroit mon cœur étoit que l'imposteur avoit des complices en Angleterre, je m'expliquois

(18) Personne ne pouvoit se méprendre sur la supposition de la Lettre, & d'ailleurs M. Walpole étoit connu pour en être l'Auteur.

(19) M. Rousseau manque ici de mémoire. Il oublie que seulement huit jours auparavant il m'avoit écrit une Lettre très-cordiale. *Voyez la Lettre du 29 Mars.*

avec la plus grande clarté pour leur ami qui étoit à Londres, & qui vouloit paffer pour le mien. Il n'y avoit certainement que lui feul en Angleterre dont la haine pût déchirer & navrer mon cœur. Second foufflet fur la joue de mon Patron. Il n'en fent rien.

Au contraire, il feint malignement que mon affliction venoit feulement de la publication de cette Lettre, afin de me faire paffer pour un homme vain qu'une fatyre affecte beaucoup. Vain ou non, j'étois mortellement affligé; il le favoit & ne m'écrivoit pas un mot. Ce tendre ami, qui a tant à cœur que ma bourfe foit pleine, fe foucie affez peu que mon cœur foit déchiré.

Un autre écrit paroît bientôt dans les mêmes Feuilles, de la même main que le premier, plus cruel encore, s'il étoit poffible, & où l'Auteur ne peut déguifer fa rage fur l'accueil que j'avois reçu à Paris [20]. Cet Ecrit ne m'affecta plus; il ne m'apprenoit rien de nouveau. Les Libelles pouvoient aller leur train fans m'émouvoir, & le volage Public luimême fe laffoit d'être longtemps occupé du même fujet. Ce n'eft pas le compte

[20] Je n'ai aucune connoiffance de ce prétendu libelle.

des Complotteurs qui, ayant ma réputation d'honnête homme à détruire, veulent de maniere ou d'autre en venir à bout. Il fallut changer de batterie.

L'affaire de la pension n'étoit pas terminée. Il ne fut pas difficile à M. Mume d'obtenir de l'humanité du Ministre & de la générosité du Prince qu'elle le fut. Il fut chargé de me le marquer, il le fit. Ce moment fut, je l'avoue, un des plus critiques de ma vie. Combien il m'en coûta pour faire mon devoir! Mes engagemens précédens, l'obligation de correspondre avec respect aux bontés du Roi, l'honneur d'être l'objet de ses attentions, de celles de son Ministre, le desir de marquer combien j'y étois sensible, même l'avantage d'être un peu plus au large en approchant de la vieillesse, accablé d'ennuis & de maux, enfin l'embarras de trouver une excuse honnête pour éluder un bienfait déja presqu'accepté; tout me rendoit difficile & cruelle la nécessité d'y renoncer; car il le falloit assurément, ou me rendre le plus vil de tous les hommes en devenant volontairement l'obligé de celui dont j'étois trahi.

Je fis mon devoir, non sans peine; j'écrivis directement à M. le Général Con-

D ij

way, & avec autant de respect & d'honnêteté qu'il me fut possible, sans refus absolu, je me défendis pour le présent d'accepter. M. Hume avoit été le négociateur de l'affaire, le seul même qui en eut parlé; non seulement je ne lui répondis point, quoique ce fut lui qui m'eût écrit, mais je ne dis pas un mot de lui dans ma lettre. Troisiéme soufflet sur la joue de mon patron, & pour celui-là, s'il ne le sent pas, c'est assurément sa faute: il n'en sent rien.

Ma lettre n'étoit pas claire & ne pouvoit l'être pour M. le Général Conway, qui ne sçavoit pas à quoi tenoit ce refus, mais elle l'étoit fort pour M. Hume qui le sçavoit très-bien; cependant il feint de prendre le change tant sur le sujet de ma douleur que sur celui de mon refus, & dans un billet qu'il m'écrit il me fait entendre qu'on me ménagera la continuation des bontés du Roi si je me ravise sur la pension. En un mot il prétend à toute force, & quoi qu'il arrive, demeurer mon patron malgré moi. Vous jugez bien, Monsieur, qu'il n'attendoit pas de réponse & qu'il n'en eut point.

Dans ce même tems à peu-près, car je ne sçais pas les dates, & cette exactitude ici n'est pas nécessaire, parut une lettre de M. de Voltaire à moi adreſſée avec une traduction Angloiſe qui renchérit encore ſur l'original. Le noble objet de ce ſpirituel ouvrage eſt de m'attirer le mépris & la haine de ceux chez qui je me ſuis refugié. Je ne doutai point que mon cher Patron n'eût été un des inſtrumens de cette publication, ſur-tout quand je vis qu'en tâchant d'aliéner de moi ceux qui pouvoient en ce pays me rendre la vie agréable, on avoit omis de nommer celui qui m'y avoit conduit. On ſçavoit ſans doute que c'étoit un ſoin ſuperflu & qu'à cet égard rien ne reſtoit à faire. Ce nom ſi maladroitement oublié dans cette Lettre, me rappella ce que dit Tacite du portrait de Brutus omis dans une pompe funebre, que chacun l'y diſtinguoit, préciſément parce qu'il n'y étoit pas.

On ne nommoit donc pas M. Hume; mais il vit avec les gens qu'on nommoit. Il a pour amis tous mes ennemis, on le ſçait: ailleurs les Tronchin, (21) les d'Alembert, les Voltaire; mais il il y a

(21) Je n'ai jamais été aſſez hureux pour me rencontrer avec M. de Voltaire: il m'a fait ſeulement l'honneur de m'écrire une Lettre il y a environ trois ans. Je n'ai vu de ma vie M. Tronchin, & je n'ai jamais eu le moindre commerce avec lui. Quant à M. d'Alembert, je me fais gloire de ſon amitié.

D iij

bien pis à Londres, c'est que je n'y ai pour ennemis que ses amis. Eh pourquoi y en aurois-je d'autres ? Pourquoi même y ai-je ceux-là ? Qu'ai-je fait à Lord (22) Littleton, que je ne connois même pas ? Qu'ai-je fait à M. Walpole que je ne connois pas davantage ? Que sçavent-ils de moi, sinon que je suis malheureux & l'ami de leur Hume ? Que leur a-t-il donc dit, puisque ce n'est que par lui qu'ils me connoissent ? Je crois bien qu'avec le rôle qu'il fait il ne se démasque pas devant tout le monde ; ce ne seroit plus être masqué. Je crois bien qu'il ne parle pas de moi à M. le Général Conway ni à M. le Duc de Richemond, comme il en parle dans ses entretiens secrets avec M. Walpole & dans sa correspondance secrette

* (22) M. Rousseau voyant dans les Papiers Publics l'annonce d'une Lettre qui lui étoit adressée sous le nom de M. de Valtaire, écrivit à M. Davenport, qui étoit alors à Londres, pour le prier de la lui apporter. Je dis à M. Davenport que la copie imprimée étoit très-fautive ; mais que j'en demanderois au Lord Littleton une copie manuscrite qui étoit correcte. Cela suffit à M. Rousseau pour lui faire conclure que le Lord Littleton est son ennemi mortel & mon intime ami, & que nous conspirons ensemble contre lui. Il auroit dû plutôt conclure que la copie, qui avoit été imprimée, ne venoit pas de moi.

avec M. d'Alembert; mais qu'on découvre la trame qui s'ourdit à Londres depuis mon arrivée, & l'on verra si M. Hume n'en tient pas les principaux fils.

Enfin le moment venu qu'on croit propre à frapper le grand coup, on en prépare l'effet par un nouvel écrit satyrique qu'on fait mettre dans les Papiers (23). S'il m'étoit resté jusqu'alors le moindre doute, comment auroit-t'il pu tenir devant cet Ecrit, puisqu'il contenoit des faits qui n'étoient connus que de M. Hume, chargés, il est vrai, pour les rendre odieux au Public.

On dit dans cet Ecrit que j'ouvre ma porte aux Grands & que je la ferme aux Petits. Qui est-ce qui sait à qui j'ai ouvert ou fermé ma porte, que M. Hume, avec qui j'ai demeuré & par qui sont venus tous ceux que j'ai vus ? Il faut en excepter un Grand que j'ai reçu de bon cœur sans le connoître, & que j'aurois reçu de bien meilleur cœur encore si je l'avois connu. Ce fut M. Hume qui me dit son nom quand il fut parti. En l'apprenant j'eus un vrai chagrin que, daignant mon-

___

(23) Je n'ai jamais vu cette piece, ni avant ni après sa publication, & tous ceux à qui j'en ai parlé n'en ont aucune connoissance.

ter au second étage, il ne fut pas entré au premier.

Quant aux Petits, je n'ai rien à dire. J'aurois désiré voir moins de monde; mais, ne voulant déplaire à personne, je me laissois diriger par M. Hume, & j'ai reçus de mon mieux tous ceux qu'il m'a présentés sans distinction de Petits ni de Grands.

On dit dans ce même Ecrit que je reçois mes parens froidement, *pour ne rien dire de plus*. Cette généralité consiste a avoir une fois reçu assez froidement le seul parent que j'aie hors de Geneve, & cela en présence de M. Hume (24). C'est nécessairement ou M. Hume ou ce parent qui a fourni cet article. Or mon cousin, que j'ai toujours connu pour bon parent & pour honnête homme, n'est point capable de fournir à des satyres publiques contre moi. D'ailleurs, borné par son état à la société des gens de Commerce, il ne vit pas avec les gens de Lettres, ni avec ceux qui fournissent des Articles dans les Papiers, encore moins avec ceux qui s'occupent à des satyres. Ainsi l'Ar-

(24) Je n'étois pas présent, lorsque M. Rousseau reçu son cousin. Je les vis ensuite ensemble, un seul moment, sur la terrasse de Buckingham-Streer.

ticle ne vient pas de lui. Tout au plus puis-je penser que M. Hume aura tâché de le faire jaser, ce qui n'est pas absolument difficile, & qu'il aura tourné ce qu'il lui a dit de la maniere la plus favorable à ses vues. Il est bon d'ajouter qu'après ma rupture avec M. Hume j'en avois écrit à ce cousin-là.

Enfin, on dit dans ce même Ecrit que je suis sujet à changer d'amis. Il ne faut pas être bien fin pour comprendre à quoi cela prépare.

Distinguons. J'ai depuis vingt-cinq & trente ans des amis très-solides. J'en ai de plus nouveaux, mais non moins sûrs, que je garderai plus long-tems si je vis. je n'ai pas en général trouvé la même sûreté chez ceux que j'ai faits parmi les gens de Lettres. Aussi j'en ai changé quelquefois, & j'en changerai tant qu'ils me feront suspects; car je suis bien déterminé à ne garder jamais d'amis par bienséance: je n'en veux avoir que pour les aimer.

Si jamais j'eus une conviction intime & certaine, je l'ai que M. Hume a fourni les matériaux de cet Ecrit. Bien plus, non-seulement j'ai cette certitude, mais il m'est clair qu'il a voulu que je l'eusse; car comment supposer un homme aussi

D v

fin, assez mal-à-droit pour se découvrir à ce point, voulant se cacher?

Quel étoit son but? Rien n'est plus clair encore. C'étoit de porter mon indignation à son dernier terme, pour amener avec plus d'éclat le coup qu'il me préparoit. Il sait que pour me faire faire bien des choses il suffit de me mettre en colere. Nous sommes au moment critique qui montrera s'il a bien ou mal raisonné.

Il faut se posséder autant que M. Hume, il faut avoir son flegme & toute sa force d'esprit pour prendre le parti qu'il prit, après tout ce qui s'étoit passé. Dans l'embarras où j'étois, écrivant à M. le Général Conway, je ne pus remplir ma Lettre que de phrases obscures dont M. Hume fit, comme mon ami, l'interprétation qu'il lui plut. Supposant donc, quoiqu'il sût très-bien le contraire, que c'étoit la clause du secret qui me faisoit de la peine, il obtient de M. le Général qu'il voudroit bien s'employer pour la faire lever. Alors cet homme Stoïque & vraiment insensible m'écrit la Lettre la plus amicale où il me marque qu'il s'est employé pour faire lever la clause, mais qu'avant toute chose il faut savoir si je veux accepter sans cette condition, pour ne pas exposer Sa Majesté à un second refus.

C'étoit ici le moment décisif, la fin, l'objet de tous ses travaux. Il lui falloit une réponse, il la vouloit. Pour que je ne puisse me dispenser de la faire il envoye à M. Davenport un duplicata de sa Lettre, & non content de cette précaution, il m'écrit dans un autre billet qu'il ne sauroit rester plus long-tems à Londres pour mon service. La tête me tourna presque en lisant ce billet. De mes jours je n'ai rien trouvé de plus inconcevable.

Il l'a donc enfin cette réponse tant desirée, & se presse déja d'en triompher. Déja écrivant à M. Davenport, il me traite d'homme féroce & de monstre d'ingratitude. Mais il lui faut plus. Ses mesures sont bien prises, à ce qu'il pense; nulle preuve contre lui ne peut échapper. Il veut une explication : il l'aura ; & la voici.

Rien ne la conclut mieux que le dernier trait qui l'amene. Seul il prouve tout & sans réplique.

Je veux supposer, par impossible, qu'il n'est rien revenu à M. Hume de mes plaintes contre lui : il n'en sait rien, il les ignore aussi parfaitement que s'il

D vj

n'eût été faufilé avec personne qui en fût instruit, aussi parfaitement que si durant ce tems il eût vécu à la Chine (25). Mais ma conduite immédiate entre lui & moi ; les derniers mots si frappans que je lui dis à Londres ; la Lettre qui suivit pleine d'inquiétude & de crainte ; mon silence obstiné plus énergique que des paroles ; ma plainte amere & publique au sujet de la Lettre de M. d'Alembert ; ma Lettre au Ministre, qui ne m'a point écrit, en réponse à celle qu'il m'écrit lui-même, & dans laquelle je ne dis pas un mot de lui ; enfin mon refus, sans daigner m'adresser à lui, d'acquiescer à une affaire qu'il a traitée en ma faveur, moi le sachant, & sans opposition de ma part ; tout cela parle seul du ton le plus fort, je ne dis pas à tout homme qui auroit quelque sentiment dans l'ame, mais à tout homme qui n'est pas hébêté.

Quoi, après que j'ai rompu tout commerce avec lui depuis près de trois mois, après que je n'ai répondu à pas une de ses Lettres, quelqu'important qu'en fut

(25) Comment aurois-je deviné ces chimériques soupçons ? M. Davenport, la seule personne de ma connoissance qui vît alors M. Rousseau, m'assure qu'il les ignoroit parfaitement lui-même.

le sujet, environné des marques publiques & particulieres de l'affliction que son infidélité me cause, cet homme éclairé, ce beau génie naturellement si clairvoyant & volontairement si stupide, ne voit rien, n'entend rien, ne sent rien, n'est ému de rien, & sans un seul mot de plainte, de justification, d'explication, il continue à se donner, malgré moi, pour moi, les soins les plus grands, les plus empressés! il m'écrit affectueusement qu'il ne peut rester à Londres plus long-tems pour mon service, comme si nous étions d'accord qu'il y restera pour cela ! Cet aveuglement, cette impassibilité, cette obstination ne sont pas dans la nature, il faut expliquer cela par d'autres motifs. Mettons cette conduite dans un plus grand jour, car c'est un point décisif.

Dans cette affaire il faut nécessairement que M. Hume soit le plus grand ou le dernier des hommes, il n'y a pas de milieu. Reste à voir lequel c'est des deux.

Malgré tant de marques de dédain de ma part, M. Hume avoit-il l'étonnante générosité de vouloir me servir sincérement ? Il savoit qu'il m'étoit impossible d'accepter ses bons offices tant que j'aurois de lui les sentimens que j'avois conçus. Il avoit éludé l'explication lui-même. Ainsi me servant sans se justifier il rendoit ses soins inutiles ; il n'étoit donc pas généreux.

S'il supposoit qu'en cet état j'accepterois ses soins, il supposoit donc que j'étois un infâme. C'étoit donc pour un homme qu'il jugeoit être un infâme qu'il sollicitoit avec tant d'ardeur une pension du Roi ? Peut-on rien penser de plus extravagant ?

Mais que M. Hume suivant toujours son plan, se soit dit à lui-même : voici le moment de l'exécution ; car, pressant Rousseau d'accepter la pension, il faudra qu'il l'accepte ou qu'il la refuse. S'il l'accepte, avec les preuves que j'ai en main, je le déshonore complettement; s'il la refuse après l'avoir acceptée, on a levé tout prétexte, il faudra qu'il dise pourquoi. C'est-là que je l'attends ; s'il m'accuse il est perdu.

Si, dis-je, M. Hume a raisonné ainsi, il a fait une chose fort conséquente à son plan, & par-là même ici fort naturelle, & il n'y a que cette unique façon d'expliquer sa conduite dans cette affaire; car elle est inexplicable dans toute autre supposition ; si ceci n'est pas démontré, jamais rien ne le fera.

L'état critique où il m'a réduit me rappelle bien fortement les quatre mots dont j'ai parlé ci-devant, & que je lui entendis dire & répéter dans un tems où je n'en pénétrois guéres la force. C'étoit la premiere nuit qui suivit notre départ de Paris. Nous étions couchés dans la même chambre, & plusieurs fois dans la nuit, je l'entens s'écrier en François avec une véhémence extrême (26): *Je tiens J. J. Rousseau.* J'ignore s'il veilloit ou dormoit. L'expression est remarquable dans la bouche d'un homme qui sait trop bien le François pour se tromper sur la force & le choix des termes. Cependant je pris, & je ne pouvois manquer alors de prendre ces mots dans un sens favorable, quoique le ton l'indiquâs encore moins que l'expression : c'est un ton dont il m'est impossible de donner l'idée, & qui correspond très-bien aux regards dont j'ai parlé. Chaque fois qu'il dît ces mots, je sentis un tressaillement d'effroi dont je n'étois pas le maître; mais il ne me fallut qu'un moment pour me

(26) Je ne saurois répondre de ce que je dis en rêvant, & je sais encore moins si c'est en François que je rêve ; mais M. Rousseau, qui ne sait pas si je dormois ou si je veillois quand je prononçois ces terribles paroles, avec une si terrible voix, est-il certain d'avoir été bien éveillé lorsqu'il les a entendues ?

remettre & rire de ma terreur. Dès le lendemain tout fut si parfaitement oublié que je n'y ai pas même pensé durant tout mon séjour à Londres & au voisinage. Je ne m'en suis souvenu qu'ici où tant de choses m'ont rappellé ces paroles, & me les rappelle, pour ainsi dire, à chaque instant.

Ces mots dont le ton retentît sur mon cœur comme s'ils venoient d'être prononcés, les longs & funestes regards tant de fois lancés sur moi, les petits coups sur le dos avec des mots de *Mon cher Monsieur*, en réponse au soupçon d'être un traître; tout cela m'affecte à un tel point après le reste, que ces souvenirs, fussent-ils les seuls, fermeroient tout retour & la confiance, & il n'y a pas une nuit où ces mots, *Je tiens J. J. Rousseau*, ne sonnent encore à mon oreille, comme si je les entendois de nouveau.

Oui, M. Hume; vous me tenez, je le fais, mais seulement par des choses qui me sont extérieures: vous me tenez par l'opinion, par les jugemens des hommes; vous me tenez par ma réputation, par ma sureté peut-être; tous les préjugés sont pour vous; il vous est aisé de me faire passer pour un monstre, comme vous avez commencé, & je vois déjà l'exultation barbare de mes implacables ennemis. Le public, en général, ne me fera pas plus de grace. Sans autre examen, il est toujours pour les services rendus, parce que chacun est bien aise d'inviter à lui en rendre, en montrant qu'il fait les sentir. Je prévois aisément la suite de tout cela, sur-tout dans le Pays où vous m'avez conduit, & où, sans amis, étranger à tout le monde, je suis presque à votre merci. Les gens sensés comprendront, cependant, que, loin que j'aie pu chercher cette affaire, elle étoit ce qui pouvoit m'arriver de plus terrible dans la position où je suis : ils sentiront qu'il n'y a que ma haine invincible pour toute fausseté & l'impossibilité de marquer de l'estime à celui pour qui je l'ai perdue, qui aient pu m'empêcher de dissimuler quand tant d'intérêts m'en faisoient une loi : mais les gens sensés sont en petit nombre & ce ne sont pas eux qui font du bruit.

Oui, M. Hume, vous me tenez par tous les liens de cette vie ; mais vous ne me tenez ni par ma vertu ni par mon courage, indépendant de vous & des hommes, & qui me restera tout entier malgré vous. Ne pensez pas m'effrayer par la crainte du sort qui m'attend. Je connois les jugemens des hommes, je suis accoutumé à leur injustice, & j'ai appris à les peu rédouter. Si votre parti est pris, comme j'ai tout lieu de le croire, soyez sûr que le mien ne l'est pas moins. Mon corps est affoibli, mais jamais mon ame ne fut plus ferme. Les hommes feront & diront ce qu'ils voudront, peu m'importe ; ce qui m'importe est d'achever, comme j'ai commencé, d'être droit & vrai jusqu'à la fin, quoiqu'il arrive, & de n'avoir pas plus à me reprocher une lâcheté dans mes miseres qu'une insolence dans ma prospérité. Quelque opprobre qui m'attende & quelque malheur qui me menace, je suis prêt. Quoiqu'à plaindre, je le serai moins que vous, & je vous laisse pour toute vengeance le tourment de respecter, malgré vous, l'infortuné que vous accablez.

En achevant cette Lette, je suis surpris de la force que j'ai eue de l'écrire. Si l'on mouroit de douleur, j'en ferois mort à chaque ligne. Tout est également incompréhensible dans ce qui se passe. Une conduite pareille à la vôtre n'est pas dans la nature, elle est contradictoire, & cependant elle est démontrée. Abyme des deux côté ! je péris dans l'un ou dans l'autre. Je suis le plus malheureux des humains si vous êtes coupable, j'en suis le plus vil si vous êtes innocent. Vous me faites désirer d'être cet objet méprisable. Oui, l'état où je me verrois prosterné, foulé sous vos pieds, criant miséricorde & faisant tout pour l'obtenir, publiant à haute voix mon indignité & rendant à vos vertus le plus éclatant hommage, seroit pour mon cœur un état d'épanouissement & de joie, après l'état d'étouffement & de mort où vous l'avez mis. Il ne me reste qu'un mot à vous dire. Si vous êtes coupable ne m'écrivez plus; cela seroit inutile, & sûrement vous ne me tromperez pas. Si vous êtes innocent, daignez vous justifier. Je connois mon devoir, je l'aime & l'aimerai toujours, quelque rude qu'il puisse être. Il n'y a point d'abjection dont un cœur, qui n'est pas né pour elle, ne puisse revenir. Encore un coup, si vous êtes innocent, daignez vous justifier : si vous ne l'êtes pas, adieu pour jamais.

J. J. R.

Je délibérai quelque tems si je ferois quelque Réponse à cet étrange Mémoire; à la fin je me déterminai à écrire la Lettre suivante.

M. HUME A M. ROUSSEAU.

Le 22 Juillet 1766.

Monsieur,

Je ne répondrai qu'à un seul article de votre longue Lettre ; c'est à celui qui regarde la conversation que nous avons eue ensemble, le soir qui a précédé votre départ. M. Davenport avoit imaginé un honnête artifice pour vous faire croire qu'il y avoit une chaise de retour prête à partir pour Wooton ; je crois même qu'il le fit annoncer dans les Papiers Publics, afin de mieux vous tromper. Son intention étoit de vous épargner une partie de la dépense du voyage, ce que je regardois comme un projet louable ; mais je n'eus aucune part à cette idée ni à son exécution. Il vous vint cependant quelque soupçon de l'artifice, tandis que nous étions au coin de mon feu, & vous me reprochâtes d'y avoir participé : je tâchai de vous appaiser & de détourner la conversation; mais ce fut inutilement. Vous restâtes quelque tems, assis, ayant un air sombre & gardant le silence, ou me répondant avec beaucoup d'humeur ; après quoi vous vous levâtes & fîtes un tour ou deux dans la chambre ; enfin tout d'un coup & à mon grand étonnement vous vîntes vous jetter fur mes genoux, & paffant vos bras autour de mon cou, vous m'embrafsâtes avec un air de tranfport, vous baignâtes mon vifage de vos larmes & vous vous écriâtes : *Mon cher ami, me pardonnerez-vous jamais cette extravagance ? Après tant de peines que vous avez prifes pour m'obliger, après les preuves d'amitié fans nombre que vous m'avez données, fe peut-il que je paye vos services de tant d'humeur & de brufquerie ? Mais en me pardonnant, vous me donnerez une nouvelle marque de votre amitié, & j'efpere que lorfque vous verrez le fond de mon cœur, vous trouverez qu'il n'en eft pas indigne.* Je fus extrêmement touché, & je crois qu'il fe paffa entre-nous une fcène très-tendre. Vous ajoutâtes, fans doute par forme de compliment, que quoi que j'euffe d'autres titres plus fûrs pour mériter l'eftime de la poftérité, cependant l'attachement extraordinaire que je marquois à un homme malheureux & perfécuté, feroit peut-être compté pour quelque chofe.

Cet incident étoit affez remarquable, & il eft impoffible que vous ou moi l'ayons fi promptement oublié; mais vous avez eu l'affurance de m'en parler deux fois d'une maniere si différente, ou plutôt si opposée, qu'en persistant, comme je fais dans mon récit, il s'ensuit nécessairement qu'un de nous deux est un menteur. Vous imaginez peut-être que cette avanture s'étant passée entre nous & sans témoins, il faudra balancer la crédibilité de votre témoignage & du mien, mais vous n'aurez pas cet avantage ou ce désavantage, de quelque maniere que vous vouliez l'appeller : je produirai contre vous d'autres preuves, qui mettront la chose hors de contestation.

1°. Vous n'avez pas fait attention que j'avois une Lettre écrite de votre main, (1) qui ne peut pas absolument se concilier avec votre récit, & qui confirme le mien.

2°. J'ai conté le fait le lendemain ou le surlendemain à M. Davenport, dans l'intention d'empêcher qu'il n'eût recours, pour vous obliger dans la suite,

―――――――――
(1) C'est celle du 22 Mars, qui est pleine de cordialité & qui prouve que M. Rousseau ne m'avoit jamais laissé entrevoir aucun de ces noirs soupçons de perfidie sur lesquels il insiste à présent. On voit seulement à la fin de sa Lettre quelques restes d'humeur sur l'affaire de sa chaise.

à de semblables finesses ; il s'en souviendra sûrement.

3°. Comme cette avanture me paroissoit vous faire honneur, je l'ai contée ici à plusieurs de mes amis ; je l'ai même écrite à Madame * la C. de * * à Paris. Personne, je pense, n'imaginera que je préparois d'avance une apologie, au cas que je me brouillasse avec vous, évenement que j'aurois regardé alors comme le plus incroyable de tous les évenemens humains ; d'autant plus que nous étions peut-être séparés pour jamais, & que je continuois à vous rendre les services les plus essentiels.

4°. Le fait, tel que je le rapporte, est conséquent & raisonnable ; mais il n'y a pas le sens commun dans votre récit. Quoi ! Parce que dans quelques momens de distraction ou de rêverie, assez ordinaires aux personnes occupées, j'aurai eu un regrad fixe, vous me soupçonnez d'être un traître, & vous avez l'assurance de me déclarer cet atroce & ridicule soupçon ? Car vous ne prétendez pas même avoir eu, avant votre départ de Londre, d'autres motifs solides de soupçon contre moi ?

* Cette Dame a exigé qu'on supprimât son nom. *Note des Editeurs.*

Je n'entrerai dans aucun autre détail
fur votre Lettre ; vous fçavez trop bien
vous-même combien tous les autres ar-
tices en font dénués de fondement. J'a-
jouterai feulement en général que je
goûtois il y a un mois un plaifir très-
fenfible, en fongeant que malgré bien
des difficultés j'étois parvenu par ma
conftance & mes foins, & par de là
même mes plus vives efpérences, à affu-
rer votre repos, votre honneur & votre fortune ; mais cette jouiflance a bientôt été fuivie du déplaifir le plus amer,
en vous voyant gratuitement & volontairement repouffer ces biens loin de
vous & vous déclarer l'ennemi de votre
propre repos, de votre fortune & de
votre honneur ; dois-je être étonné, a-
près cela, que vous foyez mon ennemi ?

A Dieu & pour toujours.

D. H.

Il ne me refte qu'à joindre à tous ces
Papiers la Lettre que M. Walpole m'a
écrite & qui prouve que je n'ai eu aucune part à tout ce qui concerne la prétendue Lettre du Roi de Pruffe.

M. WALPOLE A M. HUME.

Arlington-Street, le 26 Juillet 1766.

Je ne peux pas me rappeller avec
précifion le tems où j'ai écrit la *Lettre du*
Roi

Roi de Prusse ; mais je vous assure, avec la plus grande vérité, que c'étoit plusieurs jours avant votre départ de Paris & avant l'arrivé de Rousseau à Londres ; & je peux vous en donner une forte preuve ; car, non-seulement par égard pour vous, je cachai la Lettre tant que vous restates à Paris ; mais ce fut aussi la raison pour laquelle, par délicatesse pour moi-même, je ne voulus pas aller le voir, quoique vous me l'eussiez souvent proposé. Je ne trouvois pas qu'il fût honnête d'aller faire une visite cordiale à un homme, ayant dans ma poche une Lettre où je le tournois en ridicule. Vous avez pleine liberté, mon cher Monsieur, de faire usage soit auprès de Rousseau, soit auprès de tout autre, de ce que je dis ici pour votre justification ; je serois bien fâché d'être cause qu'on vous fît aucun reproche. J'ai un mépris profond pour Rousseau & une parfaite indifférence sur ce qu'on pensera de cette affaire ; mais, s'il y a en cela quelque faute, ce que je suis bien loin de croire, je la prens sur mon compte. Il n'y a point de talens qui m'empêchent de rire de celui qui les possede, s'il est un charlatan ; mais, s'il a de plus un cœur ingrat & méchant, comme Rousseau l'a fait voir à votre égard, il fera détesté par moi comme par tous les honnêtes gens, &c.

H. W.

Je viens de donner une Relation, aussi concise qu'il m'a été possible, de cette étrange affaire, qui, à ce qu'on m'a dit, a excité l'attention du Public & qui contient plus d'incidens extraordinaires qu'aucune autre de ma vie.

Les personnes, à qui j'ai montré toutes les pieces originales qui établissent l'autenticité des faits, ont pensé diversement, tant sur l'usage que je devois en faire que sur les sentimens actuels de M. Rousseau & sur l'état de son ame. Quelques-uns prétendent qu'il est absolument de mauvaise foi dans la querelle qu'il me fait & dans l'opinion qu'il a de mes torts : ils croyent que tous ses procédés sont dictés par cet orgueil extrême qui forme la base de son caractere & qui le porte à chercher l'occasion de refuser, avec éclat, un bienfait du Roi d'Angleterre, & en même temps de se débarrasser de l'intolérable fardeau de la reconnoissance en sacrifiant à cela l'honneur, la vérité, l'amitié, & même son propre intérêt. Ils apportent, pour preuve de leur opinion, l'absurdité même de la premiere supposition sur laquelle

M. Rousseau fonde son ressentiment; je veux dire, la supposition que c'est moi qui ai fait imprimer la plaisanterie de M. Walpole, quoique M. Rousseau sache bien lui-même qu'elle étoit répandue par-tout, à Londres comme à Paris. Comme cette supposition est, d'un côté, contraire au sens commun, & de l'autre n'est pas soutenue par la plus légere probabilité, ils en concluent qu'elle n'a jamais eu aucune autorité, dans l'esprit même de M. Rousseau. Ils confirment cette idée par la multitude des fictions & des mensonges que M. Rousseau emploie pour justifier sa colere, mensonges qui concernent des faits sur lesquels il lui est impossible de se tromper. Ils opposent aussi sa gaîté & son contentement réels à cette profonde mélancolie dont il feint d'être accablé. Il seroit superflu d'ajouter que la maniere de raisonner qui regne dans toutes ses accusations est trop absurde pour opérer dans l'esprit de qui que ce soit une conviction sincere.

Quoique M. Rousseau paroisse faire ici le sacrifice d'un intérêt fort considérable, il faut observer cependant que l'argent n'est pas toujours le principal mobile des actions humaines: il y a des hommes sur qui la vanité a un empire bien plus puissant, & c'est le cas de ce Philosophe. Un refus fait avec ostentation de la pension du Roi d'Angleterre, ostentation qu'il a souvent recerchée à l'égard d'autres Princes, auroit pu être seule un motif suffisant pour déterminer sa conduite.

Quelques autres de mes amis traitent toute cette affaire avec plus d'indulgence, & regardent M Rousseau comme un objet de pitié plutôt que de colere. Ils supposent bien aussi, que l'orgueil & l'ingratitude font la base de son caractere; mais en même-tems ils sont disposés à croire que son esprit, toujours inquiet & flottant, se laisse entraîner au courant de son humeur & de ses passions. L'absurdité de ce qu'il avance n'est pas, selon eux, une preuve qu'il soit de mauvaise foi. Il se regarde comme le seul être important de l'Univers, & croit bonnement que tout le genre humain conspire contre lui. Son plus grand bienfaiteur, étant celui qui incommode le plus son orgueil, devient le principal objet de son animosité. Il est vrai qu'il employe, pour soutenir ses bizarreries, des fictions & des mensonges; mais c'est une ressource si commune dans ces têtes foibles qui flottent continuellement entre la raison & la folie, que personne ne doit s'en étonner.

J'avoue que je penche beaucoup vers cette derniere opinion, quoiqu'en même tems je doute fort qu'en aucune circonstance de sa vie, M. Rousseau ait joui plus entierement qu'aujourd'hui de toute sa raison. Même dans les étranges Lettres qu'il m'a écrites, on retrouve des traces bien marquées de son éloquence & de son génie.

M. Rousseau m'a dit souvent qu'il composoit les Mémoires de sa vie, & qu'il y rendoit justice à lui-même, à ses amis & à ses ennemis. Comme M. Davenport m'a marqué que depuis sa retraite à Wootton il avoit été fort occupé à écrire, j'ai lieu de croire qu'il acheve cet ouvrage. Rien au monde n'étoit plus inattendu pour moi que de passer si soudainement de la classe de ses amis à celle de ses ennemis; mais cette révolution s'étant faite, je dois m'attendre à être traité en conséquence. Si ses Mémoires paroissent après ma mort, personne ne pourra justifier ma mémoire en faisant connoître la vérité : s'ils sont publiés après la mort de l'Auteur, ma justification perdra, par cela même, une grande partie de son autenticité. Cette réflection m'a engagé à recueillir toutes les circonstances de cette aventure, à en faire un précis que je destine à mes amis & dont je pourrai faire dans la suite l'usage qu'eux & moi nous jugerons convenable; mais j'aime tellement la paix qu'il n'y a que la nécessité ou les plus fortes raisons qui puissent me déterminer à exposer cette querelle aux yeux du public.

Perdidi beneficium. Numquid quæ consecravimus perdidisse nos dicimus ? Inter consecrata beneficium est ; etiamsi malè respondit, benè collocatum. Non est ille qualem speravimus ; simus nos quales fuimus, ei disimiles.
   Seneca de Beneficiis, lib. VII. cap 29.

DÉCLARATION

ADRESSÉE PAR M. D'ALEMBERT AUX ÉDITEURS.

J'AI appris par M. Hume avec la plus grande surprise, que M. Rousseau m'accuse d'être l'Auteur d'une Lettre ironique qui lui a été adressée dans les Papiers Publics, sous le nom du Roi de Prusse. Tout le monde sait, à Paris & à Londres, que cette Lettre est de M. Walpole, qui même ne la désavoue pas. Il convient seulement d'avoir été aidé, pour le style, par une personne qu'il ne nomme point, & qui devroit peut-être se nommer. Pour moi, sur qui les soupçons du Pubic ne sont jamais tombés à cet égard, je ne connois nullement M. Walpole : je ne crois pas même lui avoir jamais parlé, ne l'ayant rencontré qu'une fois dans une maison particuliére. Non-seulement je n'ai pas la plus légere part, ni directe ni indirecte, à la Lettre dont il s'agit, mais je puis citer plus de cent personnes, amies & ennemies de M. Rousseau, qui m'ont entendu la désaprouver beaucoup, par la raison qu'il ne faut point se mocquer des malheureux, sur-tout quand ils ne nous ont point fait de mal. D'ailleurs, mon respect pour le Roi de Prusse, & la reconnoissance que je lui dois, pouvoient ce me semble, faire supposer à M. Rousseau, que je n'aurois pas voulu abuser du nom de ce Prince, même pour une plaisanterie.

J'ajoute que je n'ai jamais été l'ennemi de M. Rousseau, ni déclaré ni même secret, comme il le prétend ; & je défie qu'on apporte la moindre preuve que j'aie jamais cherché à lui nuire en quoi que ce puisse être. Je pourrois prouver au contraire, par les témoignages les plus respectables, que j'ai cherché à l'obliger en ce qui a dépendu de moi.

Quant à ma prétendue *correspondance secrette* avec M. Hume, il est très-certain que nous n'avons commencé à nous écrire que cinq à six mois après son départ, à l'occasion de la querelle que M. Rousseau lui a suscitée, & dans laquelle il juge à propos de me mêler si gratuitement.

Je crois devoir cette Déclaration à moi-même, à la vérité, & à la situation de M. Rousseau : je le plains bien sincerement de croire si peu à la vertu, & sur-tout à celle de M. Hume.

D'ALEMBERT.

LETTRE
DE MONSIEUR
DE VOLTAIRE
A MONSIEUR
HUME.

J'Ai lû, Monsieur, les piéces du Procès que vous avez eu à soutenir par devant le public contre votre ancien protégé. J'avoue que la grande ame de Jean Jacques a mis au jour la noirceur avec laquelle vous l'avez comblé de bienfaits : & c'est envain qu'on a dit que c'est le procès de l'ingratitude contre la bienfaisance.

Je me trouve impliqué dans cette affaire. Le Sr. Rousseau m'accuse de lui

E v

avoir écrit en Angleterre (1) une Lettre dans laquelle je me moque de lui. Il a accusé M. d'Alembert du même crime.

Quand nous ferions coupables au fond de notre cœur, M. d'Alembert & moi, de cette énormité, je vous jure que je ne le suis point de lui avoir écrit. Il y a sept ans que je n'ai eu cet honneur. Je ne connais point la Lettre dont il parle, & je vous jure que si j'avois fait quelque mauvaise plaisanterie sur M. Jean Jacques Rousseau, je ne la désavouerais pas.

Il m'a fait l'honneur de me mettre au nombre de ses ennemis & de ses persécuteurs. Intimement persuadé qu'on doit lui élever une statue, comme il le dit dans la Lettre polie & décente de *Jean Jacques Rousseau Citoyen de Genève, à Christophe de Beaumont Archevêque de Paris* ; il pense que la moitié de l'Univers est occupée à dresser cette statue sur son piedestal, & l'autre moitié à la renverser.

Non-seulement il m'a cru iconoclaste ; mais il s'est imaginé que j'avois conspiré contre lui avec le Conseil de Genève

(1) On trouvera à la suite de ce morceau cette Lettre que M. Rousseau attribue à M. de Voltaire, & qui a été en effet imprimée à Londres sous le nom de ce grand Ecrivain.

pour faire décréter sa propre personne de prise de corps, & ensuite avec le Conseil de Berne pour le faire chasser de la Suisse.

Il a persuadé ces belles choses aux protecteurs qu'il avoit alors à Paris, & il m'a fait passer dans leur esprit pour un homme qui persécutait en lui la sagesse & la modestie. Voici, Monsieur, comment je l'ai persécuté.

Quand je sus qu'il avoit beaucoup d'ennemis à Paris, qu'il aimait comme moi la retraite, & que je présumai qu'il pouvait rendre quelques services à la philosophie, je lui fis proposer par M. Marc Chapuis Citoyen de Genève, dès l'an 1759, une maison de campagne appelée l'*Hermitage*, que je venais d'acheter.

Il fut si touché de mes offres, qu'il m'écrivit ces propres mots:

Monsieur,

» Je ne vous aime point; vous cor-
» rompez ma République en donnant
» des Spectacles dans votre Château de
» Tournay, &c.

Cette Lettre, de la part d'un homme qui venait de donner à Paris un grave Opéra & une Comédie, n'était cependant pas datée des petites maisons. Je n'y fis point de réponse, comme vous le croyez bien, & je priai M. Tronchin le Médecin de vouloir bien lui envoyer une ordonnance pour cette maladie. M. Tronchin me répondit, que puis qu'il ne pouvait pas me guérir de la manie de faire encore des piéces de théâtre à mon âge, il désespérait de guérir Jean Jacques. Nous restames l'un & l'autre fort malades, chacun de notre côté.

En 1762 le Conseil de Genève entreprit sa cure, & donna une espèce d'ordre de s'assurer de lui pour le mettre dans les remèdes. Jean Jacques décreté à Paris & à Genève, convaincu qu'un corps ne peut être en deux lieux à la fois, s'enfuit dans un troisiéme. Il conclut avec sa prudence ordinaire que j'étais son ennemi mortel, puisque je n'avois pas répondu à sa Lettre obligeante. Il supposa qu'une partie du Conseil Genevois etoit venu dîner chez moi pour conjurer sa perte, & que la minute de son Arrêt avoit été écrite sur ma table à la fin du repas. Il persuada une chose si vraisemblable à quelques-uns de ses concitoyens. Cette accusation devint si sérieuse, que je fus enfin obligé d'écrire au Conseil de Genève une Lettre très-forte dans laquelle je lui dis, que s'il y avoit un seul homme dans ce Corps qui m'eût jamais parlé du moindre dessein contre le S^r. Rousseau, je consentois qu'on le regardât comme un scélérat & moi aussi; & que je détestois trop les persécuteurs pour l'être.

Le Conseil me répondit par un Secrétaire d'Etat que je n'avois jamais eu, ni du avoir, ni pu avoir la moindre part, ni directement ni indirectement à la condamnation du S^r. Jean Jacques.

Les deux Lettres sont dans les Archives du Conseil de Genève.

Cependant, M. Rousseau retiré dans les délicieuses Vallées de Moutier-Travers, ou Môtier-Travers, au Gomté de Neufchatel, n'ayant pas eu depuis un grand nombre d'années le plaisir de communier sous les deux espèces, demanda instamment au Prédicant de Moutier-Travers, homme d'un esprit fin & délicat, la consolation d'être admis à la sainte Table ; il lui dit que son intention étoit 1°. *de combattre l'Eglise Romaine ;* 2°. *de s'élever contre l'ouvrage infernal de l'Esprit, qui établit évidemment le Matérialisme ;* 3°. *de foudroyer les nouveaux Philosophes vains & présomptueux.* Il écrivit & signa cette déclaration ; & elle est encore entre les mains de M. Montmolin Prédicant de Moutier-Travers & de Boveresse.

Dès qu'il eut communié, il se sentit le cœur dilaté ; il *s'attendrit jusqu'aux larmes*. Il le dit au moins dans sa Lettre du du 8 Août 1765.

Il se brouilla bientôt avec le Prédicant & les prêchés de Moutier-Travers & de Boveresse. Les petits garçons & les petites filles lui jettérent des pierres; il s'enfuit sur les terres de Berne ; & ne voulant plus être lapidé, il supplia Messieurs de Berne, *de vouloir bien avoir la bonté de le faire enfermer le reste de ses jours dans quelqu'un de leurs Châteaux, ou tel autre lieu de leur Etat qu'il leur sembleroit bon de choisir.* Sa Lettre est du 20 Octobre 1765.

Depuis Madame la Comtesse de Pinbèche, à qui l'on conseilloit de se faire lier, je ne crois pas qu'il soit venu dans l'esprit de personne de faire une pareille requête. Messieurs de Berne aimérent mieux le chasser que de se charger de son logement.

Le judicieux Jean Jacques ne manqua pas de conclure que c'étoit moi qui le privois de la douce consolation d'être dans une prison perpétuelle, & que même j'avois tant de crédit chez les Prêtres, que je le faisois excommunier par les Chrétiens de Moutier-Travers & de Boveresse.

Ne pensez pas que je plaisante, Monsieur ; il écrit dans une Lettre du 24 Juin 1765 : *Etre excommunié de la façon de M. de V. m'amusera fort aussi*. Et dans sa Lettre du 23 Mars, il dit : *M. de V. doit avoir écrit à Paris qu'il se fait fort de faire chasser Rousseau de sa nouvelle patrie*.

Le bon de l'affaire est qu'il a réussi à faire croire pendant quelque tems cette folie à quelques personnes ; & la vérité est que, si au lieu de la prison qu'il demandoit à Messieurs de Berne, il avoit voulu se réfugier dans la maison de campagne que je lui avois offerte, je lui aurois donné alors cet asyle, où j'aurois eu soin qu'il eût de bons bouillons avec des potions rafraîchissantes ; bien persuadé qu'un homme, dans son état, mérite beaucoup plus de compassion que de colere.

Il est vrai qu'à la sagesse toujours conséquente de sa conduite & de ses écrits, il a joint des traits qui ne sont pas d'une bonne ame. J'ignore si vous savez qu'il a écrit des *Lettres de la Montagne*. Il se rend dans la cinquiéme Lettre formellement délateur contre moi ; cela n'est pas bien. Un homme qui a communié fous les deux espèces, un Sage à qui on doit élever des statues, semble dégrader un peu son caractere par une telle manœuvre ; il hasarde son salut & sa réputation.

Aussi la premiere chose qu'ont faite Messieurs les Médiateurs de France, de Zurich & de Berne, a été de déclarer solemnellement les *Lettres de la Montagne* un Libelle calomnieux. Il n'y a plus moyen que j'offre une maison à Jean Jacques, depuis qu'il a été affiché calomniateur au coin des rues.

Mais en faisant le métier de délateur & d'homme un peu brouillé avec la vérité, il faut avouer qu'il a toujours conservé son caractere de modestie.

Il me fit l'honneur de m'écrire, avant que la Médiation arrivât à Genève, ces propres mots :

MONSIEUR,

» Si vous avez dit que je n'ai pas été
» Secrétaire d'Ambassade à Venise, vous
» avez menti ; & si je n'ai pas été Secré-
» taire d'Ambassade, & si je n'en ai pas
» eu les honneurs, c'est moi qui ai menti.

J'ignorois que M. Jean Jacques eût été Secrétaire d'Ambassade ; je n'en avois jamais dit un seul mot, parceque je n'en avois jamais entendu parler.

Je montrai cet agréable Lettre à un homme véridique, fort au fait des affaires étrangeres, curieux & exact. Ces gens-là sont dangereux pour ceux qui citent au hazard. Il déterra les lettres originales écrites de la main de Jean Jacques, du 9 & du 13 Août 1743 à M. du Theil, premier Commis des affaires étrangeres, alors son protecteur. On y voit ces propres paroles :

» J'ai été deux ans le domestique de
» M. le Comte de Montaigu (Ambas-
» sadeur à Venise)... J'ai mangé son
» pain... Il m'a chassé honteusement
» de sa maison... Il m'a menacé de me
» faire jetter par la fenêtre... & de
» pis, si je restais plus long-tems dans
» Venise... &c. »

Voilà un Secrétaire d'Ambassade assez peu respecté, & la fierté d'une grande ame peu ménagée. Je lui conseille de faire graver au bas de sa statue les paroles de l'Ambassadeur au Secrétaire d'Ambassade,

Vous voyez, Monsieur que ce pauvre homme n'a jamais pu ni se maintenir sous aucun Maître, ni se conserver aucun ami, attendu qu'il est contre la dignité de son être d'avoir un Maître,

& que l'amitié est une foiblesse dont un Sage doit repousser les atteintes.

Vous dites qu'il fait l'Histoire de sa vie. Elle a été trop utile au monde, & remplie de trop grands événemens, pour qu'il ne rende pas à la postérité le service de la publier. Son goût pour la vérité ne lui permettra pas de déguiser la moindre de ces Anecdotes, pour servir à l'éducation des Princes qui voudrons être Menuisiers comme Emile.

A dire vrai, Monsieur, toutes ces petites miseres ne méritent pas qu'on s'en occupe deux minutes ; tout cela tombe bientôt dans un éternel oubli. On ne s'en soucie pas plus que des baisers âcres de la nouvelle Héloïse, & de son faux germe, & de son doux ami, des Lettres de Vernet à un Lord qu'il n'a jamais vu. Les folies de Jean Jacques & son ridicule orgueil ne feront nul tort à la véritable Philosophie ; & les hommes respectables qui la cultivent en France, en Angleterre & en Allemagne, n'en feront pas moins estimés.

Il y a des sottises & des querelles dans toutes les conditions de la vie. Cela s'oublie au bout de quinze jours. Tout passe rapidement comme les figures grotesques de la Lanterne Magique.

L'Archevêque de Novogorod à la tête d'un Synode, a condamné l'Evêque de Roſtou à être dégradé & enfermé le reſte de ſa vie dans un Couvent, pour avoir ſoutenu qu'il y a deux Puiſſances, la Sacerdotale & la Royale. L'Impératrice a fait grace du Couvent à l'Evêque de Roſtou. A peine cet événement a-t'il été connu en Allemagne & dans le reſte de l'Europe.

Les détails des guerres les plus ſanglantes périſſent avec les ſoldats qui en ont été les victimes. Les critiques mêmes des Pieces de Théâtre nouvelles, & ſur-tout leurs éloges, ſont enſevelis le lendemain dans le néant avec elles, & avec les feuilles périodiques qui en parlent. Il n'y a que les dragées du ſieur Keyſer qui ſe ſoient un peu ſoutenues.

Dans ce torrent immenſe qui nous emporte, & qui nous engloutit tous, qu'y a-t'il à faire ? Tenons-nous-en au conſeil que M. Horace Walpole donne à Jean Jacques, d'être ſage & heureux. Vous êtes l'un Monſieur, & vous méritez d'être l'autre, &c.

A Ferney, ce 24 Octobre 1766.

LETTRE
DE
M. DE VOLTAIRE

Au Docteur Jean Jacques Pansophe.

Quoique vous en difiez, Docteur Panfophe, je ne fuis certainement pas la caufe de vos malheurs; j'en fuis affligé, & vos Livres ne méritent pas de faire tant de fcandale & tant de bruit; mais cependant ne devenez pas Calomniateur; ce feroit-là le plus grand mal. J'ai lu dans le dernier Ouvrage que vous avez mis en lumiere, une belle profopopée, où vous faites entendre, en plaifantant mal-à-propos, que je ne crois pas en Dieu. Le reproche eft auffi étonnant que votre génie. Le Jéfuite Garaffe, le Jéfuite Hardouin & d'autres Menteurs publics trouvoient par-tout des Athées; mais le Jéfuite Garaffe, le Jéfuite Hardouin, ne font pas bons à imiter. Docteur Panfophe, je ne fuis Athée ni dans mon cœur ni dans mes livres; les honnêtes gens qui nous connoissent l'un & l'autre disent en voyant votre article: *Hélas! le Docteur Pansophe est méchant comme les autres hommes ; c'est bien dommage.*

Judicieux admirateur de la bétise & de la brutalité des Sauvages, vous avez crié contre les Sciences & cultivé les Sciences. Vous avez traité les Auteurs & les Philosophes de Charlatans ; & pour prouver d'exemple, vous avez été Auteur. Vous avez écrit contre la Comédie, avec la dévotion d'un Capucin, & vous avez fait de méchantes Comédies. Vous avez regardé comme une chose abominable qu'un Satrape ou un Duc eût du superflu, & vous avez copié de la Musique, pour des Satrapes ou des Ducs qui vous payoient evec ce superflu. Vous avez barbouillé un Roman ennuyeux, où un Pédagogue suborne honnêtement sa pupille en lui enseignant la vertu ; & la fille modeste couche honnêtement avec le Pédagogue ; & elle souhaite de tout son cœur qu'il lui fasse un enfant, & elle parle toujours de sagesse avec son *doux Ami* ; & elle devient femme, mere & la plus tendre amie d'un époux qu'elle n'aime pourtant pas ; & elle vit & meurt en raisonnant, mais sans vouloir prier Dieu. Docteur Pansophe, vous vous êtes fait le Précepteur d'un certain Emile, que vous formez insensiblement par des moyens impraticables ; & pour faire un bon Chrétien, vous détruisez la Religion Chrétienne. Vous professez par-tout un sincere attachement à la révélation, en prêchant le Déïsme, ce qui n'empêche pas que chez vous les Déistes & les Philosophes conséquens ne soient des Athées J'admire, comme je le dois, tant de candeur & de justesse d'esprit, mais permettez-moi de grace de croire en Dieu. Vous pouvez être un Sophiste, un mauvais raisonneur, & par conséquent un Ecrivain pour le moins inutile, sans que je sois un Athée. L'Être Souverain nous jugera tous deux ; attendons humblement son Arrêt. Il me semble que j'ai fait de mon mieux pour soutenir la cause de Dieu & de la Vertu, mais avec moins de bile & d'emportement que vous. Ne craignez-vous pas que vos inutiles calomnies contre les Philosophes & contre moi, ne vous rendent désagréable aux yeux de l'Etre Suprême, comme vous l'êtes déja aux yeux des hommes ?

Vos *Lettres de la Montagne* sont pleines de fiel ; cela n'est pas bien, Jean Jacques.

Si votre Patrie vous a proscrit injustement il ne faut pas la maudire ni la troubler. Vous avez certes raison de dire que vous n'êtes point Philosophe. Le sage Philosophe Socrate but la ciguë en silence: il ne fit pas de libelles contre l'Aréopage ni même contre le Prêtre Anitus, son ennemi déclaré; sa bouche vertueuse ne se souilla pas par des imprécations; il mourut avec toute sa gloire & sa patience; mais vous n'êtes pas un Socrate ni un Philosophe.

Docteur Pansophe, permettez qu'on vous donne ici trois leçons, que la Philosophie vous auroit apprises: une leçon de bonne foi; une leçon de bon sens, & une leçon de modestie.

Pourquoi dites-vous que le bon homme si mal nommé *Grégoire le Grand*, quoiqu'il soit un saint, étoit un *Pape illustre*, parcequ'il étoit bête & intrigant? J'ai vu constamment dans l'Histoire, que la bêtise & l'ignorance n'ont jamais fait de bien, mais au contraire toujours beaucoup de mal. Grégoire même bénit & loua les crimes de Phocas, qui avoit assassiné & détrôné son Maître, l'infortuné Maurice. Il bénit & loua les crimes de Brunehaut, qui est la honte de l'Histoire de France. Si les Arts & les Sciences n'ont pas abfolument rendu les hommes meilleurs; du moins ils font méchans avec plus de difcrétion ; & quand ils font le mal , ils cherchent des prétextes, ils temporifent, ils fe contiennent ; on peut les prévenir , & les grands crimes font rares. Il y a dix fiecles que vous auriez été non-feulement excommunié avec les chenilles , les fanterelles & les forciers , mais brûlé ou pendu , ainfi que quantité d'honnêtes gens qui cultivent aujourd'hui les Lettres en paix, & avouez que le tems préfent vaut mieux. C'eft à la Philofophie que vous devez votre falut, & vous l'affaffinez : mettez-vous à genoux, ingrat , & pleurez fur votre folie. Nous ne fommes plus efclaves de ces tyrans fpirituels & temporels qui défoloient toute l'Europe; la vie eft plus douce , les mœurs plus humaines , & les Etats plus tranquilles.

Vous parlez, Docteur Panfophe, de la vertu des fauvages : il me femble pourtant qu'il font *magis extrà vitia quàm cum virtutibus*. Leur vertu eft négative ; elle confifte à n'avoir ni bons Cuifiniers, ni bons Muficiens , ni beaux meubles, ni luxe , &c. La vertu, voyez-vous , fuppofe des lumieres , des réflexions, de la philofophie, quoique, felon vous,

tout

tout homme qui réfléchit soit un animal dépravé ; d'où il s'ensuivrait en bonne logique que la vertu est impossible. Un ignorant, un sot complet, n'est pas plus susceptible de vertu qu'un cheval ou qu'un singe ; vous n'avez certes jamais vu cheval vertueux, ni singe vertueux. Quoique maître Aliboron tiennne que votre prose est une prose *brûlante*, le public se plaint que vous n'avez jamais fait un bon sillogisme. Ecoutez Docteur Pansophe ; la bonne Xantippe grondoit sans cesse & vigoureusement contre la philosophie & la raison de Socrate ; mais la bonne Xantippe était une folle, comme tout le monde sait. Corrigez-vous.

Illustre Pansophe ! La rage de blâmer vos contemporains vous fait louer à leurs dépens des sauvages anciens & modernes sur des choses qui ne sont point du tout louables.

Pourquoi, s'il vous plaît, faites-vous dire à Fabricius, que *le seul talent digne de Rome est de conquérir la terre*, puisque les conquêtes des Romains, & les conquêtes en général sont des crimes, & que vous blâmez si fortement ces crimes dans votre plan ridicule d'une paix perpétuelle. Il n'y a certainement pas de vertu à *conquérir la terre*. Pourquoi, s'il

F

vous plaît, faites-vous dire à Curius, comme une maxime respectable, *qu'il aimait mieux commander à ceux qui avoient de l'or, que d'avoir de l'or ?* C'est une chose en elle-même indifférente d'avoir de l'or; mais c'est un crime de vouloir, comme Curius, commander injustement à ceux qui en ont. Vous n'avez pas senti tout cela, Docteur Pansophe, parceque vous aimez mieux faire de bonne prose que de bons raisonnemens. Repentez-vous de cette mauvaise morale, & apprenez la logique.

Mon ami Jean Jacques, ayez de la bonne foi. Vous qui attaquez ma religion, dites-moi, je vous prie, quelle est la votre. Vous vous donnez avec votre modestie ordinaire pour le restaurateur du Christianisme en Europe; vous dites que *la religion décréditée en tout lieu avoit perdu son ascendant jusques sur le peuple &c.* Vous avez en effet décrié les miracles de Jesus, comme l'Abbé de Prades, pour relever le crédit de la religion. Vous avez dit que l'on ne pouvoit s'empêcher de croire l'Evangile de Jesus, parcequ'il étoit incroyable ; ainsi Tertullien disoit hardiment, qu'il étoit sûr que le fils de Dieu étoit mort, parceque cela étoit impossible : *Mortuus est Dei Filius ; hoc certum est quia impossibile.* Ainsi par un raisonnement similaire, un géomètre pourroit dire, qu'il est évident que les trois angles d'un triangle ne sont pas égaux à deux droits, parcequ'il est évident qu'ils le sont. Mon ami Jean Jacques, apprenez la logique, & ne prenez pas, comme Alcibiade, les hommes pour autant de têtes de choux.

C'est sans contredit un fort grand malheur de ne pas croire à la religion Chrétienne, qui est la seule vraie entre mille autres qui prétendent aussi l'être : toutefois celui qui a ce malheur peut & doit croire en Dieu. Les fanatiques, les bonne femmes, les enfans & le Docteur Pansophe ne mettent point de distinction entre l'Athée & le Déiste. O Jean Jacques ! vous avez tant promis à Dieu & à la vérité de ne pas mentir; pourquoi mentez-vous contre votre conscience ? Vous êtes, à ce que vous dites, *le seul auteur de votre siécle & de plusieurs autres, qui ait écrit de bonne foi.* Vous avez écrit sans doute de bonne foi que *la Loi Chrétienne est, au fond, plus nuisible qu'utile à la forte constitution d'un Etat; que les vrais Chrétiens sont faits pour êtres esclaves & sont lâches; qu'il ne faut pas apprendre le Catéchisme aux enfants, parcequ'ils n'ont pas l'esprit de* croire en Dieu, &c. Demandez à tout le monde si ce n'est pas le Déïsme tout pur ; donc vous êtes Athée ou Chrétien comme les Déïstes, ainsi qu'il vous plaira ; car vous êtes un homme inexplicable. Mais encore une fois apprenez la Logique, & ne vous faites plus brûler mal-à-propos. Respectez, comme vous le devez, des honnêtes gens, qui n'ont pas du tout envie d'être Athées, ni mauvais Raisonneurs, ni Calomniateurs. Si tout Citoyen oisif est un fripon, voyez quel titre mérite un Citoyen faussaire, qui est arrogant avec tout le monde, & qui veut être possesseur exclusif de toute la Religion, la vertu & la raison qu'il y a en Europe. *Væ misero ! lilia nigra videntur, pallentesque rosa.* Soyez Chrétien, Jean Jacques ; puisque vous vous vantez de l'être à toute force; mais, au nom du bon sens & de la vérité, ne vous croyez par le seul *Maître en Israël*.

Docteur Pansophe, soyez modeste, s'il vous plaît ; autre leçon importante. Pourquoi dire à l'Archevêque de Paris que vous êtes *né avec quelques talens ?* Vous n'êtes sûrement pas né avec le talent de l'humilité ni de la justesse d'esprit. Pourquoi dire au Public que vous avez refusé l'éducation d'un Prince, & avertir fierement qu'il appartiendra, de ne pas vous faire dorénavant de pareilles propositions ? Je crois que cet avis au Public est plus vain qu'utile : quand même Diogène, une fois connu, diroit aux passans, *achetez votre Maître*, on le laisseroit dans son tonneau avec tout son orgueil & toute sa folie. Pourquoi dire que la mauvaise *profession de Foi du Vicaire Allobroge est le meilleur écrit qui ait paru dans ce siecle ?* Vous mentez fierement, Jean Jacques : un bon Ecrit est celui qui éclaire les hommes & les confirme dans le bien ; & un mauvais écrit est celui qui épaissit le nuage qui leur cache la vérité, qui les plonge dans de nouveaux doutes, & les laisse sans principes. Pourquoi répeter continuellement avec une arrogance sans exemple, que vous bravez vos *sots Lecteurs* & le *sot Public ?* Le Public n'est pas sot : il brave à son tour la démence qui vit & médit à ses dépens. Pourquoi, ô Docteur Pansophe ! dites-vous bonnement ? *Qu'un Etat sensé auroit élevé des Statues à l'Auteur d'Emile ?* C'est que l'Auteur d'Emile est comme un enfant, qui, après avoir soufflé des boules de savon, ou fait des ronds en crachant dans un puits, se regarde comme un Etre très-important. Au reste, Docteur, si on ne vous a pas élevé de statues on vous a

E iij

gravé; tout le monde peut contempler votre visage & votre gloire au coin des rues. Il me semble que c'en est bien assez pour un homme qui ne veut pas être philosophe, & qui en effet ne l'est pas. *Quàm pulchrum est digito monstrari, & dicier, hic est!* Pourquoi mon ami Jean Jacques vante-t-il à tout propos sa vertu, son mérite & ses talens ? C'est que l'orgueil de l'homme peut devenir aussi fort que la bosse des chameaux de l'Idumée, ou que la peau des Onagres du désert. Jesus disoit qu'il étoit *doux & humble de cœur:* Jean Jacques, qui prétend être son écolier, mais un écolier mutin qui chicane souvent avec son maître, n'est ni doux ni humble de cœur. Mais ce ne sont pas-là mes affaires. Il pourroit cependant apprendre que le vrai mérite ne consiste pas à être singulier, mais à être raisonnable. L'Allemand Corneille Agrippa a abboyé long-tems avant lui contre les sciences & les savans; malgré cela il n'étoit point du tout un grand homme.

Docteur Pansophe, on m'a dit que vous vouliez aller en Angleterre. C'est le pays des belles femmes & des bons Philosophes. Ces belles femmes & ces bons philosohes seront peut-être curieux ed vous voir, & vous vous ferez voir. Les Gazetiers tiendront un regiftre exact de tous vos faits & gestes, & parleront du grand Jean Jacques, comme de l'éléphant du Roi & du zébre de la Reine; car les Anglois s'amusent des productions rares de toutes especes, quoiqu'il soit rare qu'ils estiment. On vous montrera au doit à la Comédie, si vous y allez; & on dira, le voilà cet éminent génie, qui nous reproche de n'avoir pas un *bon naturel*, & qui dit que les sujets de Sa Majesté ne sont pas libres! C'est-là ce Prophete du lac de Geneve, qui a prédit au verset 45e. de son Apocalypse nos malheurs & notre ruine, parceque nous sommes riches. On vous examinera avec surprise depuis les pieds jusqu'à la tête, en réfléchissant sur la folie humaine. Les Angloises, qui sont, vous dis-je, très-belles, riront lorsqu'on leur dira que vous voulez que les femmes ne soient que des femmes, des femelles d'animaux, qu'elles s'occupent uniquement du soin de faire la cuisine pour leurs maris, de raccommoder leurs chemises, & de leur donner, dans le sein d'une vertueuse ignorance, du plaisir & des enfans. La belle & spirituelle Duchesse d'A . . . . r, Myladis de . . . de . . . de . . . leveront les épaules, & les hommes vous oublieront en admirant leur visage & leur esprit. L'ingénieux Lord W . . . e, le savant Lord L . . . n, les Philosophes Mylord C . . . d, le Duc de G . . . n, Sir F-x, Sir C . . . d, & tant d'autres, jetteront peut-être un coup d'œil sur vous, & iront de-là travailler au bien public ou cultiver les belles-lettres, loin du bruit & du peuple, sans être pour cela des animaux dépravés. Voilà, mon ami Jean Jacques, ce que j'ai lu dans le grand livre du destin; mais vous en serez quitte pour mépriser souverainement les Anglois, comme vous avez méprisé les François, & votre mauvaise humeur les fera rire. Il y auroit cependant un parti à prendre pour soutenir votre crédit, & vous faire, peut-être, à la longue élever des statues: ce seroit de fonder une Eglise de votre religion, que personne ne comprend; mais ce n'est pas-là une Affaire. Au lieu de prouver votre mission par des miracles, qui vous déplaisent, ou par la raison que vous ne connoissez pas, vous en appellerez au sentiment intérieur, à cette voix divine qui parle si haut dans le cœur des illuminés, & que personne n'entend. Vous deviendrez puissant en œûvres & en paroles comme George Fox, le Révérend Whitfield, &c. sans avoir à craindre l'animadversion de la Police, car les Anglais ne punissent point ces folies-là. Après avoir prêché & exhorté vos disciples, dans votre style apocalyptique, vous les menerez brouter l'herbe dans Hyde Park, ou manger du gland dans la forêt de Windsor, en leur recommandant toutefois de ne par se battre comme les autres Sauvages, pour une pomme ou une racine, parceque la Police *corrompue* des Européens ne vous permet pas de suivre votre système dans toute son étendue. Enfin lorsque vous aurez consommé ce grand ouvrage, & que vous sentirez les approches de la mort, vous vous traînerez à quatre pattes dans l'assemblée des bêtes, & vous leur tiendrez, ô Jean Jacques: le langage suivant.

„ Au nom de la sainte vertu. *Amen.* Comme ainsi soit, mes Freres, que j'ai travaillé sans relâche à vous rendre sots & ignorans, je meurs avec la consolation d'avoir réussi, & de n'avoir point jetté mes paroles en l'air. Vous savez que j'ai établi des cabarets pour y noyer votre raison, mais point d'Académie pour la cultiver; car encore une fois, un ivrogne vaut mieux que tous les Philosophes de l'Europe. N'oubliez jamais mon histoire du Régiment de St. Gervais dont tous les Officiers & les soldats ivres dansoient avec édification dans la place publique de Genève, comme un faint Roi juif danfa autrefois devant l'Arche. Voila les honnêtes gens. Le vin & l'ignorance font le fommaire de toute la fageffe. *Les hommes fobres font foux :* les ivrognes font francs & vertueux. Mais je crains ce qui peut arriver; c'eft-à-dire, que la fcience, cette mere de tous les crimes & de tous les vices, ne fe gliffe parmi vous : L'ennemi rôde autour de vous; il a la fubtilité du ferpent & la force du lion; il vous menace. Peut-être, hélas! bientôt le luxe, les arts, la philofophie, la bonne chere, les auteurs, les perruquiers, les prêtres & les marchandes de mode vous empoifonneront & ruineront mon ouvrage. O fainte vertu! détourne tous ces maux. Mes petits enfans, obftinez-vous dans votre ignorance & votre fimplicité; c'eft-à-dire, foyez toujours vertueux, car c'eft la même chofe. Soyez attentifs à mes paroles : que ceux qui ont des oreilles entendent. Les mondains vous ont dit : *Nos inftitutions font bonnes; elles nous rendent heureux :* & moi je vous dis que leurs inftitutions font abominables & les rendent malheureux. Le vrai bonheur de l'homme eft de vivre feul; de manger des fruits fauvages, de dormir fur la terre nue ou dans le creux d'un arbre, & de ne jamais penser. Les mondains vous ont dit: *Nous ne sommes pas des bêtes féroces, nous faisons du bien à nos semblables; nous punissons les vices, & nous nous aimons les uns & les autres:* & moi je vous dis que tous les Européens sont des bêtes féroces ou des fripons; que toute l'Europe ne sera bientôt qu'un affreux désert; que les mondains ne font du bien que pour faire du mal; qu'ils se haïssent tous & qu'ils récompensent le vice. *O sainte vertu!* Les mondains vous ont dit: *Vous êtes des fous; l'homme est fait pour vivre en société, & non pour manger du gland dans les bois:* & moi je vous dis que vous êtes les seuls sages, & qu'ils sont fous & méchans: l'homme n'est pas plus fait pour la société, qui est l'école du crime, que pour aller voler sur les grands chemins. O mes petits enfans, restez dans les bois, c'est la place de l'homme : ô sainte vertu ! Emile, mon premier disciple, est selon mon cœur; il me succédera. je lui ai appris à lire, & à écrire, & à parler beaucoup; c'en est assez pour vous gouverner. Il vous lira quelquefois la Bible, l'exellente histoire de Robinson Crusoé, & mes ouvrages; il n'y a que cela de bon. La religion que je vous ai donnée est fort simple! Adorez un Dieu; mais ne parlez pas de lui à vos enfans; attendez qu'ils devinent d'eux-mêmes qu'il y en a un. Fuyez les médecins des ames comme ceux des corps; ce sont des charlatans: quand l'ame est malade, il n'y a point de guérison à espérer, parce que j'ai dit clairement que le retour à la vertu est impossible: cependant les Homélies éloquentes ne font pas inutiles ; il eſt bon de déſeſpérer les méchans, & de les faire ſécher de honte & de douleur en leur montrant la beauté de la vertu, qu'ils ne peuvent plus aimer. J'ai cependant dit le contraire dans d'autres endroits ; mais cela n'eſt rien. Mes petits enfans, je vous répéte encore ma grande leçon : banniſſez d'entre vous la raiſon & la Philoſophie, comme elles ſont bannies de mes livres. Soyez machinalement vertueux ; ne penſez jamais, ou que très-rarement, raprochez-vous ſans ceſſe de l'état des bêtes qui eſt votre état naturel. A ces cauſes, je vous recommande la *ſainte vertu*. A dieu, mes petits enfans ; je meurs. Que Dieu vous ſoit en aide ! *Amen.*

Docteur Panſophe, écoutez à préſent ma profeſſion de foi ; vous l'avez rendue néceſſaire : la voici telle que je l'offrirois hardiment au public, qui eſt mon juge & le vôtre.

J'adore un Dieu créateur, intelligent, vengeur & rémunérateur ; je l'aime, & le ſers le mieux que je puis dans les hommes mes ſemblables & ſes enfans : O Dieu ! qui vois mon cœur & ma raiſon, pardonne-moi mes offenſes, comme je pardonne celles de Jean Jacques Panſophe, & fais que je t'honore toujours dans mes ſemblables.

Pour le reſte, je crois qu'il fait jour en plein midi, & que les aveugles ne s'en apperçoivent point. Sur ce, grand Panſophe, je prie Dieu qu'il vous ait en ſa ſainte garde, & ſuis philoſophiquement votre ami & ſerviteur.

V * * *.

F I N.

www.ingramcontent.com/pod-product-compliance
Lightning Source LLC
Chambersburg PA
CBHW060203100426
42744CB00007B/1141